# SOCIÉTÉ

DES

# ANCIENS TEXTES FRANÇAIS

LES QUATRE AGES DE L'HOMME

Le Puy, imprimerie de Marchessou fils, boulevard Saint-Laurent, 23.

LES

# QUATRE AGES

## DE L'HOMME

TRAITÉ MORAL DE

### PHILIPPE DE NAVARRE

PUBLIÉ POUR LA PREMIÈRE FOIS D'APRÈS LES MANUSCRITS
DE PARIS, DE LONDRES ET DE METZ

PAR

Marcel de FRÉVILLE

PARIS

LIBRAIRIE DE FIRMIN DIDOT ET Cie
RUE JACOB, 56

M DCCC LXXXVIII

Publication proposée à la Société le 24 décembre 1884.

Approuvée par le Conseil le 25 février 1885, sur le rapport d'une commission composée de MM. Meyer, Michelant et Raynaud.

Commissaire responsable :

M. Gaston RAYNAUD.

*Tiré à cent exemplaires sur ce papier*

# PRÉFACE

---

Lorsque le C<sup>te</sup> Beugnot publia en 1841 les *Assises de la Haute Cour de Jérusalem* [1], Philippe de Navarre, l'auteur de cet ouvrage de droit, prit une place honorable parmi les jurisconsultes français, à la suite des Fontaine et des Beaumanoir. Plus tard, l'*Histoire de Chypre* dûe à M. le C<sup>te</sup> de Mas Latrie [2], et, tout récemment les *Gestes des Chiprois*, édités par M. G. Raynaud dans la collection de l'Orient latin [3], ont fait voir que Philippe de Navarre ne s'était pas contenté d'être un bon juriste, mais qu'il avait commencé par être un vaillant guerrier et un habile diplomate. Ce n'est pas tout encore : cet homme universel, comme on l'a appelé à juste titre [4], avait le goût des choses de l'esprit ; il était

1. *Assises de Jérusalem*, Paris, MDCCCXLI, 2 vol. in-fol.

2. *Histoire de l'île de Chypre sous le règne des princes de la maison de Lusignan*. Paris, 1852-1861, 3 vol. gr. in-8°.

3. *Les Gestes des Chiprois, recueil de chroniques françaises écrites en Orient aux* XIII<sup>e</sup> *et* XIV<sup>e</sup> *siècles* (Philippe de Navarre et Gérard de Montréal) publié pour la première fois pour la Société de l'Orient latin par Gaston Raynaud. Genève, 1887, 1 vol. in-8°.

4. Florio Bustron, *Chronique de l'île de Chypre*, p. p. René de

*a*

moraliste, il aimait à philosopher, et, sur ses vieux jours, il composa le *Traité des quatre âges de l'homme*. En présentant cet ouvrage aux membres de la *Société des Anciens textes français*, je serais heureux d'ajouter à l'éclat d'un nom déjà illustre; l'écrit de Philippe de Navarre, en attestant la variété de ses études, ainsi que l'étendue de ses connaissances, démontrera qu'il ne resta pas étranger au grand réveil littéraire du xiiie siècle, et qu'à la gloire des armes et de la politique il sut allier la culture des lettres; tant il est vrai que tout se tient dans les facultés de l'esprit, et que les qualités qu'un homme a su acquérir le suivent et le servent sur les différents théâtres où sa destinée le conduit.

J'oubliais de dire que Philippe était aussi poète, et j'en demande pardon à sa mémoire, car je le soupçonne d'avoir eu quelques prétentions à cet égard : il composait volontiers des chansons, des *lettres rimées*, et il les insérait avec complaisance dans ses œuvres [1]. Et cependant, si sa prose est souvent charmante, il faut avouer que sa poésie est généralement lourde et obscure. Elle n'a pas pour nous la valeur qu'elle avait probablement aux yeux de son auteur, — cela va sans dire, — mais même de ses contemporains : ainsi on raconte que, dans un des combats livrés sous les murs d'une place qu'assiégeait Philippe, il reçut un jour une grave blessure; on entendit alors les assiégés se lamenter en disant : « Mort est nostre chanteor, tué est! » Heureusement le blessé ne tarda pas à recouvrer la santé, et il fit savoir

---

Mas Latrie, *Mélanges historiques*, t. V. (Paris, Imprimerie nationale, 1884), p. 8.

1. Voy. notamment *Gestes des Chiprois*, pages 55, 61, 65, 88 et le *Traité des quatre âges*, §§ 115 et suiv., et 232.

par de nouvelles improvisations qu'il était encore plein
de force et de confiance [1].

Il serait téméraire à moi de vouloir retracer dans cette
introduction la biographie de Philippe de Navarre : la
publication actuelle n'offre aucun élément nouveau, et
d'ailleurs cette existence si remplie a été fort bien racon-
tée par le C<sup>te</sup> Beugnot dans la *Bibliothèque de l'École
des Chartes* [2]. J'en présenterai seulement un résumé très
succinct d'après l'intéressant article auquel je fais allu-
sion, et aussi d'après les données nouvelles que fournit
la préface placée par M. G. Raynaud en tête de sa pu-
blication des *Gestes des Chiprois*.

Né à la fin du xII<sup>e</sup> siècle, Philippe de Navarre [3] quitta
de bonne heure la France pour se rendre en Orient; il
assistait au siège de Damiette en 1218; puis, suivant
l'exemple d'un grand nombre de gentilshommes fran-
çais, il alla se mettre au service du roi de Chypre, et il
prit une part des plus actives à la guerre que les Chyprio-
tes soutinrent contre l'empereur Frédéric II, de 1228 à
1233; vaillant sur le champ de bataille, prudent et
ferme dans les négociations, il rendit des services signa-
lés et garda jusqu'au bout une inébranlable fidélité à la
famille des seigneurs de Barut; en 1236, il assistait à la
mort du vieux Jean d'Ibelin, un représentant illustre de
cette maison qui, pendant le xIII<sup>e</sup> siècle, exerça en Orient
une influence si prédominante. Philippe fut plusieurs
fois chargé d'ambassades difficiles, en vue de con-
clure la paix; il fut même délégué auprès du pape et

---

1. *Les Gestes des Chiprois*, édit. Raynaud, p. 64. Cf. aussi la
*Chronique d'Amadi*, Bibl. Nat., f. ital. n° 387, fol. 91.

2. Tome II (1840-41), pages 1 à 31.

3. J'adopte ici l'orthographe consacrée; voy. G. Raynaud, *op.
cit.*, Préface, p. xIII, note 2.

auprès des rois de France, d'Angleterre et d'Espagne
pour se plaindre des agissements de l'empereur. A la
fin de sa vie, comblé d'honneurs et de richesses par la
reine Alix, il était devenu l'un des seigneurs les plus
puissants et les plus considérés de l'île de Chypre. Il
mourut entre 1261 et 1264 [1], laissant un fils, Ba-
lian, sur lequel on a peu de renseignements, mais dont
le nom figure dans les *Familles d'outre-mer* de Du
Cange [2].

L'œuvre écrite de Philippe de Navarre est considéra-
ble; lui-même nous donne sur ce point, à la fin de son
*Traité des quatre âges*, des renseignements assez précieux
pour être reproduits ici en entier :

« Phelipes de Navarre, qui fist cest livre, en fist autres II. Le
« premier fist de lui meesmes une partie ; car la est dit dont il fu,
« et comment et por quoi il vint deça la mer, et commant il se
« contint et maintint longuement par la grace Nostre Seignor.
« Après, i a rimes et chançons plusors que il meïsmes fist, les unes
« des granz folies dou siecle que l'an apele amors ; et assez en i a
« qu'il fist d'une grant guerre qu'il vit a son tens antre l'ampereor
« Fredri et le seignor de Barut, mon seignor Jehan de Belin le
« viel ; et .I. mout biau compe i a il de cele guerre meïsmes dès le
« commancement jusques a la fin, ou que il sont devisé li dit et li
« fait et li grant consoil des batailles et des sieges atiriez ordenée-
« ment ; car Phelipes fu a touz. Après, i a chançons et rimes qu'il
« fist, plusors en sa viellesce, de Nostre Seignor, et de Nostre Dame,
« et des sains et des saintes. Celui livre fist il por ce que ces
« troveüres et li fait qui furent ou païs a son tens et les granz va-
« lors des bons seignors fussent et demorassent plus longuement
« en remembrance a cels qui sont descendu de lui et des autres
« amis et a touz ces qui les vorront oïr.

1. Voy. *Histoire de l'île de Chypre*, p. 403, en note.
2. *Les Familles d'outre-mer de Du Cange*, p. p. E.-G. Rey, dans
la collection des *Documents inédits* (1869), p. 606.

« Le secont livre fist il de forme de plait, et des us et des costu-
« mes des *Assises d'Outremer et de Jherusalem et de Cypre*. Ce
« fist il a la proiere et a la requeste d'un de ses seignors qu'il amoit,
« et après s'an repanti il mout, por doute que aucunes males gens
« n'an ovrassent malement de ce qu'il avoit ansaignié par bien et
« leaument ovrer ; et de ce s'escusa il au commancement et a la
« fin dou livre.

    « Et cestui livre, qui est li tiers, fist il de ce qui est dit et de-
« visé en cestui livre meïsmes, por ce qu'il voloit ansaignier as
« siens et as estranges qui les ansaignemenz voudroient oïr et re-
« tenir, que il en ovrassent bien...... »

De ce qui précède, il résulte que Philippe de Navarre
avait composé, — peut-être même dans l'ordre où il les
indique, — trois principaux ouvrages ou livres. Le pre-
mier, qui devait être le plus étendu, contenait l'histoire de
la lutte des Chypriotes contre l'empereur Frédéric II, nar-
ration en forme de mémoires, entrecoupée çà et là de
récits en vers relatifs à cette guerre qui fut l'évènement
capital de l'existence de Philippe ; à la suite, se trou-
vaient quelques poésies légères et religieuses. Il y a peu
d'années encore, on considérait tout cet ensemble comme
perdu ; et cependant on savait que la pièce importante,
l'histoire de la *Guerre de Chypre*, existait encore à la fin
du XVIᵉ siècle, car elle avait été consultée et employée
par deux historiens qui vivaient à cette époque, Florio
Bustron et l'auteur de la Chronique d'Amadi ; depuis,
on ignorait ce qu'elle était devenue. Heureusement, elle
a été découverte en Piémont par un amateur érudit qui
l'a communiquée au Cᵗᵉ Riant, et, ainsi, l'*Estoire de la
guerre qui fu entre l'empereor Frederic et Johan d'I-
belin* a pu être publiée, comme je l'ai dit plus haut, par
la *Société de l'Orient latin*. Ce qu'on n'a pas encore re-
trouvé, ce sont les autres parties de cette œuvre que
l'auteur désigne comme son premier livre, ces *rimes et*

*chançons des granz folies dou siecle que l'an apele
amors,.... de Nostre Seignor et de Nostre Dame et des
sains et des saintes.* Mais on est en droit de se deman-
der, d'après les poésies que l'on connaît déjà, si cette
perte est bien regrettable.

Le second livre de Philippe de Navarre est celui qu'*il
fist de forme de plait et des us et des costumes des Assises
d'Outremer et de Jherusalem et de Cypre.* C'est le traité
qu'a publié Beugnot, traité si utile à tous ceux qui
s'intéressent à la science historique du droit, et particu-
lièrement du droit français en Orient.

Enfin, le troisième livre, — celui dont la publication
va suivre, — a un caractère plus littéraire; il est consa-
cré à des questions de morale, et permet, au dire des
juges compétents qui en ont parlé, d'assigner à son au-
teur un rang honorable parmi les écrivains et les mora-
listes du moyen âge.

Assurément, ce chevalier, qui manie avec tant d'ai-
sance la plume ou l'épée, n'est pas un homme ordinaire;
il sait raconter avec grâce les combats où il a figuré avec
vaillance; il discute des points ardus de jurisprudence
féodale; et, dans la naïveté du langage de son temps, il
enseigne simplement une morale sévère, et il touche
avec délicatesse aux questions philosophiques les plus
hautes.

Le *Traité des quatre âges de l'homme* est depuis
longtemps connu : dans son *Glossaire de la langue ro-
mane* [1], Roquefort en cite deux exemples aux mots *cui-*

1. *Glossaire de la langue romane* par J.-B.-B. Roquefort, Paris,
2 vol., 1808.

*der* et *estavoir;* dans l'article déjà mentionné, Beugnot en donnait un compte-rendu, accompagné de courts extraits, et il disait en terminant [1] que ce traité « est, par la sagesse et l'utilité pratique des principes qu'on y trouve développés, par la finesse des aperçus et par la conviction naïve, mais profonde, qui animait son auteur, un ouvrage dont la lecture sera, dans tous les temps, aussi utile qu'agréable, et qu'une telle composition, quand on repasse dans sa mémoire les événements de la vie toute féodale de Navarre, doit montrer que ces guerriers du moyen âge, qui naissaient, vivaient et mouraient dans les camps, n'étaient pas aussi étrangers qu'on le suppose à l'étude des questions qui intéressent le plus l'humanité. »

Vers 1854, un savant modeste, M. Amiel, proposa de publier dans la collection des *Documents inédits* ce qu'il appelait, d'après le titre de l'un des manuscrits, *le Chastoiement des quatre ages de la vie;* il en prépara une édition qui n'a pas vu le jour.

En 1872, dans un article de la *Romania* sur le *Bestiaire* de Gervaise [2], M. Paul Meyer attirait l'attention sur l'ouvrage de Philippe de Navarre, et en citait quelques passages d'après un ms. du Musée britannique, dont il donnait la description, et où il avait trouvé un bon texte, malheureusement incomplet, puisque la fin du *Moien aage* y manque, ainsi que toute la *Viellesce.*

Plus tard, en 1884, le savant professeur reproduisait dans la même revue [3] un curieux passage qu'on peut

1. *Op. cit.*, p. 31.
2. Tome I, pages 420 à 443.
3. Tome XIII, p. 595 à 597; voir aussi Beugnot, *art. cité,* page 28.

appeler l'*Histoire de la dame aux petits couteaux* (voy.
§§ 161 à 164), et qu'il rapprochait de l'une des *Facétieu-
ses nuits* de Straparole, ainsi que d'une historiette ano-
nyme, extraite d'un ms. italien du xv⁰ siècle; il concluait
de l'analogie évidente qui relie ce dernier texte à celui
de Philippe de Navarre que les *Quatre âges* ont dû être
sinon traduits, au moins connus en Italie.

Enfin, dans son ouvrage intitulé *Alexandre le Grand
dans la littérature française du moyen âge*, M. P.
Meyer cite un long passage de notre traité (§§ 67 à 71),
contenant une sorte de débat entre le jeune conquérant
et le roi Philippe, son père; selon lui, l'origine doit en
être cherchée dans un passage du *De Officiis* de Cicé-
ron (II, xv), et il ajoute : « Il y a une réponse d'Alexan-
dre où se manifestent les sentiments d'un seigneur féo-
dal. Tout jeune encore, le héros macédonien nous est
présenté comme le type de la largesse. C'est une con-
ception qui, nous le verrons plus tard, appartient à la
littérature chevaleresque. Il me paraît difficile d'attri-
buer à Philippe de Navarre ces inventions, ces enjolive-
ments romanesques. Je suis donc porté à croire qu'en-
tre lui et le *De Officiis* il y a eu un intermédiaire perdu,
et que cet intermédiaire était un romancier [1]. »

Dans le tome XXVIII des *Mémoires de l'Académie
des Inscriptions et Belles Lettres*, M. Charles Jourdain a
publié une notice sur l'éducation des femmes au moyen
âge; et, au sujet du degré d'instruction qu'il convient
de leur donner, il cite l'opinion de Philippe de Na-
varre : *A fame ne doit on apandre letres, ne escrire, se
ce n'est especiaument por estre nonnain; car par lire et*

---

1. *Alexandre le Grand dans la littérature française du moyen
âge*, t. I (1886), p. 361 à 363.

*escrire de fame sont maint mal avenu* [1]. Voilà un avis
nettement exprimé, et on pense, en le lisant, aux vers
si connus :

> Il n'est pas bien honnête, et pour beaucoup de causes,
> Qu'une femme étudie et sache tant de choses;
> . . . . . . . . . . . . . . . . . .
> Nos pères, sur ce point, étaient gens bien sensés
> Qui disaient qu'une femme en sait toujours assez [2]...
> . . . . . . . . . . . . . . . . . .

Molière n'aimait pas les femmes trop savantes, et
Philippe de Navarre exprime les idées de son temps;
est-ce rétrograder trop en deçà des idées du nôtre de sou-
haiter que, tout en apprenant les mille et une sciences
qu'on leur enseigne aujourd'hui, les femmes gardent la
capacité de l'esprit nécessaire pour « connaître un pour-
point d'avec un haut de chausse? »

Les meilleures parties du *Traité des quatre âges* sont
celles qui concernent *Anfance* et *Jovent*; les deux der-
nières *Moien aage* et *Viellesce* sont intéressantes aussi,
mais il s'y trouve parfois des passages obscurs et des re-
dites fatigantes; peut-être Philippe de Navarre, qui
avait dépassé 70 ans, lorsqu'il entreprit son ouvrage, le
termina-t-il à un âge plus avancé, alors que l'effet de la
vieillesse se faisait déjà sentir, et, comme il le remar-
que lui-même, *telz i a qui dient que li viel sont rassoté
et hors de memoire, et sont changié et remué de ce qu'il
soloient savoir* [3]. Et puis, s'il est aisé de peindre avec
des couleurs brillantes la jeunesse et l'enfance, il est dif-

1. Voy. ci-après § 25.
2. Molière, *Femmes savantes*, Acte II, scène VII.
3. Voy. § 36.

ficile d'idéaliser la dernière époque de la vie, dont la
beauté est si austère et parfois si triste : on ne refait pas
le *De Senectute*.

A part ces quelques réserves, la valeur littéraire du
*Traité des quatre âges* est réelle ; il n'y a pas lieu de s'en
étonner, car l'auteur était un homme instruit, et la lec-
ture de son ouvrage prouve qu'il avait des connaissan-
ces étendues : en plusieurs endroits, il cite l'Écriture-
Sainte [1] ; à propos de l'*Enfant gâté devenu criminel* [2],
il s'inspire d'un de ces *exempla* destinés aux prédica-
teurs, qui se trouve déjà dans le *De Scolarium disci-
plina*, dans Eude de Cheriton, Jacques de Vitry et
Vincent de Beauvais [3]; quand il parle de la nécessité
d'agir promptement, et d'*antendre au fait sanz peresse*,
il traduit le vers bien connu de Lucain :

Nil actum credens, quum quid superesset agendum [4].

*Il ne cuidoit riens avoir fait tant comme il i eüst riens
a faire* [5]. On a vu tout à l'heure qu'il avait connu, direc-
tement ou indirectement, un récit relatif à Alexandre, et
qui se rattache au *De Officiis ;* il parait aussi que certains
des exemples ou paraboles de *Barlaam et Josaphat*
étaient parvenus jusqu'à lui [6]; d'autre part il ne dédai-
gnait pas ces contes facétieux si répandus dans la litté-
rature de son temps, à en juger par l'amusant récit des
*Petits couteaux,* dont il a été question plus haut, et

1. Rapprochez : § 13 et *S. Matth.* XXII, 37 et sq.; § 143 et *Gen.*
I, 26. 27; § 174 et *Ecclesiast.* XXV, 3, 4.
2. Voy. §§ 9 et 10.
3. P. Meyer, *Romania*, XIV, p. 581-583.
4. Lucain, *La Pharsale*, II, 658.
5. Voy. § 159.
6. Voy. *Romania*, I, p. 425.

qu'il avait probablement recueilli dans la tradition orale. Au § 37, il fait intervenir deux personnages du *Roman de Lancelot*, Farien et Lanbague [1]; plus loin [2], il trans-crit quelques vers du *Roman de Troie* [3], et il se les approprie en les modifiant.

Dans tout cela, on devine le lettré; mais par maints passages du *Traité des quatre âges* on reconnaît aussi le jurisconsulte, et on retrouve le souvenir des études de droit auxquelles s'était livré Philippe de Navarre. Dans sa publication, Beugnot a noté la plupart de ces rap-prochements : ainsi, à propos de l'âge qui convient pour le mariage, il renvoie du chapitre LXXXVI des *Assi-ses de Jérusalem* aux paragraphes qui, dans notre édi-tion, portent les nᵒˢ 77 et 191 ; à propos de *la grace de senz et de soutil connoissance,* il y a lieu de se reporter du chapitre XCIII à nos §§ 103, 104 et 117; quelquefois, la phrase se retrouve presque identique dans les deux textes : ainsi, on lit dans le *Livre de plait*[4] : *l'on dit tous jours que les souffrans vainquent,* et notre § 197, relatif à la nécessité de supporter *debonairement* les mé-faits d'autrui, se termine par ces mots : *Touz jors dit l'an que li bon soufreor vainquent tout.*

Enfin le côté moral du *Traité des quatre âges* n'est pas le moins intéressant. Philippe de Navarre nous dit sim-plement ses idées sur toutes choses; il donne des conseils dictés par l'expérience. Avant tout, il insiste sur la né-

---

1. *Romans de la Table Ronde,* p. p. P. Paris, Techener; voy. tome III, p. 27 et sq.

2. Voy. § 177.

3. *Benoît de Sainte-Morre et le Roman de Troie,* p. p. A. Joly, professeur à la Faculté des lettres de Caen, (Paris, Franck, MDCCCLXX), page 99, vers 6071 à 6094.

4. Éd. Beugnot, tome I, p. 492.

cessité d'une éducation sérieuse et sévère ; car *anfance est li fondemenz de vie*, et il ne se fait d'ailleurs aucune illusion sur les difficultés que les parents ont à vaincre : *n'avient pas sovant que anfant facent bien, se ce n'est par doute ou par ansaignement* [1] ; mais il indique des moyens de répression énergiques : quand l'enfant commence à mal faire, *l'an le doit asprement chastier et reprandre de langue, et se il por tant ne se retrait, li chastiz doit estre de verge, et, se ce ne vaut, si soit en prison : po d'anfant perissent por chastier, et trop por soffrir lor males anfances* [2]. Quelques lignes plus haut, il avait recommandé aux parents de ne pas trop se laisser attendrir par les larmes de leur enfant : *se il plore por chastier, ne puet chaloir ; car mialz vaut qu'il plort por son bien que ne feroit, se li peres plorast por son mal.*

Quant à la femme, on a déjà vu que Philippe de Navarre n'est pas disposé à lui laisser prendre une trop grande place dans la société ; il la prévient qu'elle doit toujours être *en comendement et en subjecion : en anfance doit ele obeïr a çaus qui la norrissent, et quant ele est mariée, outréemant doit obeïr a son mari, comme a son seignor ; et se ele se rant en religion, ele doit estre obeïssanz parfitement a sa soverainne selonc la regle* [3]. Il ne lui permet aucune privauté, et d'ailleurs il faut reconnaître qu'elle serait charmante, aussi bien de nos jours qu'au moyen âge, cette jeune fille qu'il nous dépeint aux yeux francs, à la démarche modeste, quand il recommande aux femmes *qu'eles soient de bele contenance et simple, et que lor regart soient coi et atampré,*

1. Voy. § 227.
2. Voy. § 8.
3. Voy. § 21.

*de non esgarder trop affichiement, ne trop haut ne trop*
*bas, mais devant aus tout droit a l'androit de lor iaus,*
*sanʒ traverser et sanʒ bouter sa teste avant ne traire*
*arriers en fenestre ne aillors, et simplement passer et*
*aler devant la gent ; quant eles sont assamblées de noces*
*ou d'autre feste,.... qu'eles ne soient trop plaisantieres*
*ne trop acointables, ne vileinnement gourdes* [1].

Bien que très religieux, Philippe de Navarre redoute
de toucher aux questions qui sont du domaine des
clercs et des prélats ; c'est un terrain où il ne lui pa‑
raît pas prudent de s'aventurer [2]. D'ailleurs, il aborde
volontiers toute espèce de sujets ; il les traite avec l'au‑
torité d'un homme qui a beaucoup vu et bien agi ; on
sent qu'il jouit dans ses dernières années du repos, de la
fortune et de la considération qu'il avait su gagner par
toute une vie de droiture et de valeur. Il a des sentiments
élevés, larges, et, pour exprimer la vraie noblesse, on ne
peut pas mieux dire que cet homme du xiiie siècle : *Cil*
*qui a franc cuer, de quelque part il soit venuʒ, il doit*
*estre apeleʒ frans et gentis ; car, se il est de bas leu et*
*de mauveis et il est bons, de tant doit il estre plus hono‑*
*reʒ... Vilain sont cil qui vilainnement se contiennent...;*
*ja se il sont astraiʒ de nobles homes et de vaillanʒ,*
*por tant ne doivent il estre apelé gentil ne franc, car*
*gentillesce ne valour d'ancestre ne fet que nuire as*
*mauveis hoirs honir* [3]. Dans ces passages et dans bien
d'autres, on retrouve la trace de ces qualités que les con‑
temporains de Philippe de Navarre avaient honorées
d'une estime générale : l'amour du bien et du juste, la
*discretion* (pour employer un vieux mot qui désigne

1. Voy. §§ 27 et 28.
2. Voy. §§ 45, 85, 141.
3. Voy. §§ 212 et 214.

une vertu du temps passé), comme aussi le courage et la loyauté du parfait chevalier.

Quelques mots maintenant au sujet des cinq mss. qui m'ont servi à établir le texte du *Traité des quatre âges*.

Sur ces cinq mss., trois appartiennent à la Bibliothèque Nationale de Paris ; d'abord, celui que j'appelle *A* et sur lequel repose essentiellement la présente publication ; c'est un des meilleurs, et, de plus, c'est le seul qui soit absolument complet. Ce ms., qui a fait partie de la collection du maréchal d'Estrées, porte dans le fonds français le n° 12581 (anc. supplément fr. 198) ; il est sur vélin, et orné de quelques miniatures ; chaque page est divisée en deux colonnes ; la hauteur est de 299 mill. sur 225 de large ; on compte 429 feuillets ; l'écriture est du XIIIe siècle. Ce ms., connu de la Ravaillère [1], a été utilisé par plusieurs érudits, entre autres par P. Chabaille qui l'a pris pour base de son édition du *Trésor* de Brunet Latin [2].

Quant au traité de Philippe de Navarre, il commence au folio 387 r°, pour finir au folio 407 v°. En tête de chacune des quatre divisions de l'ouvrage, se trouve une miniature : la première, très effacée, représente un personnage qui tenait peut-être un enfant ; dans la seconde, on voit un homme jeune, et dans la troisième, un autre qu'on doit supposer d'un âge plus mûr ; enfin, dans la quatrième, on reconnaît facilement un vieillard ap-

---

1. *Les poësies du roy de Navarre, précédées de l'histoire des révolutions de la langue française*, par Lévêque de la Ravaillère, Paris, MDCCXLII, 2 vol. Voy. tome I, p. 175.

2. Paris, 1863, Collection des *Documents inédits*.

puyé sur des béquilles. Ces miniatures se trouvent aux
folios 387, 390, 395 et 401 v°.

Le ms. *B*, appartenant aussi à la Bibliothèque Na-
tionale, porte le n° 15210 (supplément fr. 254 [22]); il
a 137 millim. sur 103; il se compose de deux parties :
la première (parchemin, xiii° siècle) compte 82 feuillets;
la seconde (papier, xv° siècle) va du feuillet 83 au feuillet
109; quelques vignettes qui ne semblent pas provenir du
ms. ont été collées sur les folios 1, 52, 60 et 61 ; le traité
de Philippe de Navarre occupe la première moitié (fol. 2-
51); il s'arrête brusquement, les dernières feuilles ayant été
coupées, au milieu du paragraphe qui porte dans notre édi-
tion le n° 220 ; il est donc presque complet ; mais, mal-
heureusement, la leçon originale y est souvent modifiée.

Le ms. *C* appartient au Musée Britannique, où il est
coté *Addit.* 28260. C'est un petit volume, presque carré,
de 16 centim. sur 12 ; il se compose de 101 feuillets, dont
trois de garde ; l'écriture est de la seconde moitié du
xiii° siècle. Le premier ouvrage qu'il renferme (fol. 3-33)
est le *Traité des quatre âges*, ou du moins une partie de
ce traité, puisqu'il ne contient même pas la fin du
*Moien aage* [1]; le second est une traduction en prose de
l'*Elucidarium* d'Honorius d'Autun ; le troisième est la
traduction en vers du *Bestiaire de Gervaise*. J'emprunte
ces détails à M. P. Meyer [2]; c'est à lui, je m'empresse
de l'ajouter, que je dois d'avoir connu ce ms., et c'est
grâce à ses obligeantes indications que j'en ai pris con-
naissance à Londres.

1. Voy. § 138.
2. *Romania*, t. I, p. 420 et sq.

Revenons à la Bibliothèque Nationale ; c'est le ms. fr. 24431 (anc. Compiègne 62) qui est désigné dans les variantes par la lettre *D* [1] ; il est sur vélin et appartient au xiiiᵉ siècle ; il se compose de 189 feuillets, de 308 millim. sur 225 ; le *Traité des quatre âges* va du fol. 161 rᵒ au fol. 167 rᵒ. Cette leçon est fort bonne, mais très incomplète, puisqu'elle ne renferme que les deux premières parties *(Anfance* et *Jovent)*, et les §§ nᵒˢ 222 à 230 de la dernière partie, c'est-à-dire de la *Viellesce*. Ce ms. 24431 contient plusieurs autres pièces, de nature fort diverse ; ainsi Fr. Michel en a extrait la *Chronique de Normandie* et M. Fried. Stehlich s'en est servi pour son édition du *Roman de la Poire* [2].

Ces quatre mss. étaient les seuls dont j'avais connaissance, lorsque j'entrepris avec mon ami M. Sorin de Bonne, ancien élève de l'École des Chartes, la publication du *Traité des quatre âges ;* c'est un regret pour moi que cette collaboration, à peine commencée, ait été interrompue par suite de circonstances indépendantes de notre volonté. J'ai donc dû continuer seul le travail, et je venais de le terminer, lorsque M. Meyer découvrit dans le catalogue de la bibliothèque de Metz un ms. qui n'avait pas encore été signalé ; le texte en est fort bon, et il est complet, puisque les seuls §§ qui y manquent (nᵒˢ 233 à 236) ne font pas partie, à proprement parler,

---

1. Ce ms. a été décrit par Fr. Michel, dans son recueil intitulé : *Les Chroniques de Normandie* (Rouen, 1839, in-4ᵒ), pages 1 à xxv de la Préface.

2. Messire Thibaut, *Li romanz de la poire, erotisch-allegorisches Gedicht... zum ersten Male herausgegeben von* Friedrich Stehlich, Halle, 1881, in 8ᵉ.

du *Traité des quatre âges*. Ce ms. fut, sur la demande de
M. L. Delisle, obligeamment prêté par la bibliothèque
de Metz, où il est inscrit sous le n° 535, G. 88; il se
compose de 228 feuillets, et notre traité commence au
v° du folio 171 [1].

Ce nouveau texte, désigné dans les variantes par la
lettre *E*, a permis de corriger et d'améliorer en plu-
sieurs points la leçon primitive; on y trouve deux
longs passages qui ne figurent dans aucun des autres
mss. et qui, pour cette raison, ne sauraient être sûre-
ment attribués à Philippe de Navarre. L'un [2] est relatif
au hérisson qui entre dans un jardin et qui se roule
sur les fruits tombés à terre pour en charger ses pi-
quants [3], et pour les emporter; mais, au passage d'un
étroit pertuis par lequel il avait pénétré, il perd sa ré-
colte entière qui retombe dans le jardin, où il ne peut
plus la reprendre; ainsi en est-il de l'homme qui ne
songe qu'à amasser des biens temporels dans ce monde,
et qui ne pense pas à la mort, par laquelle il devra ce-
pendant passer, et qui le dépouillera de toutes ses ri-
chesses, sans qu'il puisse en conserver une seule.

L'autre passage [4] contient un récit qui pourrait être in-

1. Voy. la description de ce ms. dans le *Bulletin de la Société
des Anciens textes français* I, p. 41 et sq.

2. Voy. en note § 101.

3. On peut rapprocher de cette fable notamment Barthélemy
l'Anglais, *De proprietatibus rerum*, livre XVIII, chap. 61; Jean
Corbechon, traduction française de l'ouvrage précédent (Bibl. Nat.
Ms. fr. n° 134, fol. III° LXIX v°), ainsi que *le Bestiaire d'amour*
de Richard de Fournival, p. p. Hippeau (1 vol., Paris, 1860),
page 34; et *le Bestiaire de Gervaise* p. p. P. Meyer, *Roma-
nia*, t. I (1872), page 435.

4 Voy. en note § 117.

titulé l'*Ange et l'Ermite;* il présente une grande analogie
avec un conte en vers du XIIIᵉ siècle, qui porte précisé-
ment ce titre, et qui a fait l'objet d'une charmante étude
de M. G. Paris [1]. En peu de mots, voici la donnée : un
ermite voit un chevalier accuser à tort son écuyer, en lu
reprochant un vol que ce dernier n'a pas commis ; il
s'emporte contre lui, et d'un coup de son épée, il lui
tranche le pied. L'ermite s'étonne que Dieu laisse com-
mettre de pareilles injustices ; un ange lui apparaît alors
et lui déclare qu'il ne doit pas plus scruter les décrets
de la Providence que douter de sa bonté ; mais en même
temps, il lui fait savoir que ce qui s'est passé sous ses
yeux n'est qu'une punition méritée. On voit que la fa-
ble aborde un des problèmes de la destinée humaine :
comment s'expliquer les malheurs qui frappent les gens
de bien [2]? comment concilier la justice divine et les évé-
nements de ce monde ? Est-ce donc le hasard qui nous
gouverne? Non, car les souffrances des bons ne sont que
des épreuves qui, supportées avec résignation, préparent
leur bonheur dans l'autre vie ; souvent d'un mal appa-
rent naît un bien réel ; si les voies de Dieu sont inson-
dables, elles n'en sont pas moins justes.


Pour ne pas multiplier à l'excès les variantes déjà bien
nombreuses qui ont été relevées à l'aide des cinq mss.,
je me suis généralement abstenu de signaler celles qui ne
sont que des interversions de mots, ou qui proviennent
seulement d'une différence d'orthographe. Si les varian-

1. *La poésie au moyen âge* (1 vol. Paris, 1885), p. 151 à 185.
Cf. aussi *les Contes de Bozon,* édition de la *Société des Anciens
textes,* page 242.

2. Voy. aussi § 147.

tes de deux mss., semblables dans le fond, diffèrent lé-
gèrement dans la forme, je mentionne seulement l'une
d'elles; ainsi, § 7, renvoi 2-2, on lit en note : *AD de
cax qui norrissent les anfans que lamours;* en réalité,
c'est le ms. *A* dont je donne ici la leçon, et c'est pour ne
pas trop alourdir les notes que je me suis dispensé
d'indiquer le texte exact du ms. *D* qui offre une ortho-
graphe un peu différente et qui porte en effet : *de ciax
qui norrissent les emfans que lamours.* Procéder autre-
ment eût allongé beaucoup, sans offrir un intérêt réel.

Le mode de coupure dont il a été fait usage dans cette
publication est la division en paragraphes, séparant au-
tant que possible les pensées différentes; quant au vo-
lume entier, il était tout naturellement divisé en quatre
parties principales, répondant aux périodes de la vie hu-
maine; à la suite venaient certaines réflexions générales
qui, ne se rattachant à aucun des quatre âges en parti-
culier, ont nécessité quelques chapitres supplémentaires,
numérotés v à vii.

Une dernière observation : il n'a pas paru possible de
classifier en familles les cinq mss. dont il a été fait usage;
ils doivent dériver d'un texte antérieur encore inconnu;
on ne trouve, en effet, dans aucun d'eux, des séries iden-
tiques de fautes et de lacunes; *B* et *C* offrent, il est vrai,
entre eux, de même que *A D* et *E*, certains traits de res-
semblance, mais en même temps certaines différences qui
accusent une parenté très éloignée. Afin de donner une
idée exacte de ces cinq mss. au point de vue du texte et
de la langue, un même passage (§§ 6, 7 et 8) a été extrait
de chacun d'eux et transcrit ci-après :

A

*Bibl. Nat. fr.* 12581.

Il (Dieu) ne vuet mie que li anfant soient paroil as faons des bestes ne as pijons des oisiax, qui sont sanz loquance et sanz raison, et vivent naturelment sanz plus. Et li anfant en cui Diex a mise loquance et raison, et qui ont san et entendement et quenoissance de torner le bien dou mal en plusors choses, et au moins dès puis qu'il ont passé .x. anz, il ont franc arbitre de faire bien ou mal. Et qui bien vodroit conter les graces et les biens que Nostre Sires a doné as siens, et commant li mal sont puni, trop avront a faire. Et por ce, se taist ores li contes a parler des anfanz, et retorne a cex qui les norrissent, quel qu'il soient, ou pere ou mere, ou parent ou mestre, privé ou estrange.

Vous avez oï ça en arrieres ou conte de cax qui norrissent les anfans, que l'amours croist

B

*Bibl. Nat. fr.* 15210.

Il (Dieu) ne veust mie que li enfant soient parail au faons des bestes, ne au pigons des oisiaus qui sont sanz loquence et sanz reison, et vivent naturelment sanz plus. Et li enfant en qui Diex a mis loquence, et qui ont sanz, et entendent et quenoissent en pluseurs choses, au meins, puis qu'il ont passé .x. anz, il font arbitre de faire bien ou mal. Et qui voudroit conter les graces et les benefices que Nostre Sires a donné aus bons, et comment li mau sont puniz, trop avroit a faire. Et pour ce, se test ores li conte de la maniere des anfanz, et retournent a ceus qui les nourrissent, quiex qui soient, pere ou mere, parenz ou autres, privez ou estranges.

Vous avez oy ça arrieres ou conte que l'amour de ceus qui nourrissent les enfa[n]z, croist et esforce quant il plus croissent, et bien est voirs; mès en toutes

E

*Bibl. de Metz, n° 535, G. 88.*

Il (Dieu) ne viaut mie que li enfant soient pareil as faons des bestes, ne as pijons des oisiaus qui sont sens loquence et sens raison, et vivent naturelment sens plus. Et li enfans en cui Diex at mis loquence et raison, et qui ont entendement et connoissance

C

Musée Britannique, Addit.
28260.

Il (Deu) ne voient mie que tuit
li anfant soient pareil as faons
des bestes, ne as pijons des oi-
seax qui sunt seins loquence
et seins raison, et vivent natu-
relment seins plus. Et li an-
fant cui Dex ha doné et mise
loquence et rayson en eaux, et
ont senz et entendement et
counoissance de trier les biens
des maus en plusours choses,
au meins puis que il ont passé
.x. anz, ill unt franc arbitre de
faire bien ou mal. Et qui bien
vuoudroit comper les graces et
les benefices que Deus a doné
as bons, et coment li mauvais
sunt puni, trop avroit a faire.
Et por ce, si se tait ores li
compes des anfanz de la[ma]niere
de anfanz, et si retorne a ceaus
qui les norrissent, quel qu'il
soient, soit pere ou mere, ou
parant ou maistre, privé ou
estrange.

Vos avez oï çai en arier ou
compe que l'amorz de ceaus qui

D

Bibl. Nat. fr. 24431.

Il (Dieu) ne vieut mie que li
emfant soient pareil as faons des
bestes, ne as pyjons des oysiaus
qui sont sans loquence et sanz
raison, et vivent naturelment
sans plus. Et li emfant en qui
Dex a mis loquence et raison,
et qui ont sens, entendement
et connoissance de trier le bien
dou mal em plusseurs choses,
au mains dès puis qu'il ont
passez .x. ans, il ont franc ar-
bitre de connoistre le bien et
le mal. Et qui a droit vorroit
conter les biens et les graces
que Nostre Sires a a siens don-
nés, et comment li mal sont
puni, trop avroit affaire. Et
pour ce, se taist ore li contes
des emfans et de lor maniere,
et retorne a cex qui les norris-
sent, quiex qu'il soient, pere
ou mere, ou parent ou maistre,
ou privé ou estrange.

Vous avez oy ou conte ça en
arierres de ciax qui norrissent
les emfans, que l'amours croist

E

de trier le bien dou mal en plusors choses, au mains dès puis
qu'il ont passei .x. ans, il ont franc arbitre de faire bien ou mal.
Et qui bien vouroit conter les graces et les benefices que Nostre
Sires at donnei as bons, et comment li mal sont puni, trop avroit
a faire. Et pour ce se taist ores li compes de la maniere des en-
fans, et tourne a ceus qui les nourissent, queil qu'il soient, peire
ou meire, ou parent ou maistre, privei ou estrange.

A

B

et esforce quant il plus crois-
sent, et bien est voirs; mais
en toutes choses commanda
Diex raison et mesure; dont
max et domage pueent avenir
en .II. parties, ne doit on parler
amor, mais haïne mortel. Et
se nature atrait le pere et la
mere de faire la volanté de lor
anfant, il doivent avant por-
veoir se raisons la porte ou
non; car volantez ne doit mie
chevauchier raison; ainz doit
raisons estre dame, et volantez
desouz ses piez. Et mout fait
bien qui chastoie son anfant
destroitement, tendis que il est
petiz; et toz jors dit on que
*l'an doit ploier la verge, tandis
que ele est graille et tendre;*
car, puis que ele est grosse et
dure, se on la vuet ploier, ele
brise. Et se li anfes plore por
chastier, ne puet chaloir; car
mialz vaut qu'il plort por son
bien, que ne feroit se li peres
plorast por son mal.

Ne l'an ne doit pas mostrer a
son anfant grant samblant d'a-
mor; car il s'an orguillit, et
en prant baudor de mal faire;
et quant on voit que il com-

choses comenda Diex mesure et
reison; et amour, dont mal et
domage puest venir aus .II. par-
tiens, ne doit l'en mie apeler
amour, mes haïne mortel. Et
se nature contraint le pere ou
la mere de faire la voulenté de
son enfant, il se doit avent
pourvoier se reison le done ou
non; quar voulenté ne doit mie
chevauchier reison, ainz doit
estre reison dame et voulenté
desouz ses piez. Moult feit bien
qui chatie(n) son enfant destroi-
tement, tant conme il est pe-
tiz, et touz jours di l'an que
*l'en doit ploier la verge, tant
com ele est tendre et gresle;*
que, puis qu'ele est grosse et
dure, se l'en la veust ploier, ele
brise. Et se l'anfant pleure pour
chatier, ne puest chaloir; mieuz
vaut que il pleure pour son
bien, qu'il ne feit, que li peres
plourast pour son mal.

Ne l'en doit pas moustrer a
enfant trop biau semblant d'a-
mour, quar il s'en orgueillis-
sent, et en prant baudour de
mal feire; et quant l'en voit
qu'il comence a mal feire, en
l'en doit forment chatier et re-

E

Vous aveis oï ça en arier el conte que l'amour de ceus qui les
nourissent croist et enforce quant il plus croissent, et bien est
voirs; mais en toutes choses commanda Diex raison et mesure; et
amour, dont maus et damages puent venir en .II. parties, ne doit
on apeleir amour, mais haïne mortel. Et ce nature contraint le

C

D

norrissent les anfanz croist et esforce quant il plus croissent, et bien est voirs; mais en totes choses comanda Dex raison et mesure; et amor, dont mal domage poent venir as deuz parties, ne doit l'on apeler amor, mais haïne mortel. Et se nature contraint le pere ou la mere de faire la volonté de son anfant, il doit avant porvoir se raisons le done ou non; quar volontez ne doit mie chevauch[ier] raison, et doit estre raisons dame et volonté desoz ses piez. Et mout fait bien qui chastoient son anfant destroiement, tant come il est petiz, et toz jors dit l'on que *on doit ploier la verge tant dis que ele est gralle et tendre;* quar, quant ele est grosse et dure, se l'on la vuet ploier, ele brise. Et se li anfes plore por chastoier, ne puet chaloir, car miex vaut que il plort por son bien, que ne feroit que li peres plorast por son mal.

L'on ne doit mie mostrer a enfant grant semblant d'amor, quar il s'en erguoillist, et prend baudour de mal faire, et quant

et efforce quant il plus croist, et bien est voirs; mais en toutes choses commanda Dex mesure et raison; dont max et damages pueent avenir as deus parties, ne doit on pas moustrer a amour, mais haïne mortel. Et se nature contraignoit le pere ou la mere de faire la volenté de leur emfant, il doivent savoir se raison la porte ou non; car volentez ne doit mie chevauchier raison, ains doit raisons estre dame, et volentez desouz ces piez. Et mout fait bien qui chastoie son emfant, tandis conme il est petis, et touz jours dit on *c'on doit ploier la verge, tandis com ele est graille et tendre,* quar, puis qu'elle est grosse et dure, se on la vieut ploier, ele brise. Et se li emfes pleure por chastoier, il n'en puet chaloir, car miex vaut qu'il pleure por son bien, qu'il ne feroit, se li peres plouroit por son mal.

Ne on ne li doit pas moustrer grant samblant d'amour, car il s'en orgueillit, et prent baudor de mal faire; et quant on voit qu'il commence a mal

E

peire ou la meire de faire la volentei de son enfant, il doient avant pourveoir ce raison le donne; car volenteis ne doit mie chevauch[ier] raison, ainz doit estre raisons dame, et volenteis desous ces piez. Et tous jors dit on que *on doit ploier la verge, tant comme elle est graile :* car, puis que est grosse et dure, ce on ne la puet

**A**

mance a mal faire, l'an le doit aspremente chastier et repran
dre; et se il por tant ne se retrait, li chastiz doit estre de
verge; et, se ce ne vaut, si soit en prison : po d'anfant perissent por chastier, et trop por soffrir lor males anfances. Assez en i a qui jurent et mesdient de Nostre Seignor et de Nostre Dame et des sainz; si ne lor doit on soffrir en nule guise, car mescreant et a male fin en pueent venir. Et li anfant qui sont meslif en anfance, sont en grant peril d'estre murtri ou de murtrir autrui et estre pendu. Et cil qui deviennent larron de petite chose viennent a plus grant, et tant, que a la fin sont il ataint de grant larrecin et jugié et jostisié; cil qui les devroient chastier en sont mout corpable, et aucune foiz le comperent chierement.

**B**

prandre de langue, et s'il pour tant ne se retrait, li chatiers doit estre de verges, et, se ce ne vaut, si soit en prison : trop d'enfanz perissent pour defaut de chatier, et trop pour les males enfances. Assez en y a qui jurent et mesdient de Nostre Seigneur et de Nostre Dame et des sainz et des saintes. Ce ne leur doit mie soufrir en nulle meniere; quar il en puest devenir mescreanz et a male fin venir. Li enfant qui deviennent.. mellif d'enfance sont en grant peril d'estre ocis ou d'ocirre autrui et estre panduz. Et li enfant qui devienent larron de petite chose vienent puis a plus grant, et tant, qu'en la fin sont ateint de grant larrecin et jugié et justicié; ceus qui les devroient chatier en sont molt courpable et aucunes foiz le comperent mout chier.

**E**

ploier, elle brise. Et ce li enfes ploie pour chastier, ne puet chaloir; car miex vaut que il plore pour son bien qu'il ne feroit ce li peres plorast por son mal.

Ne on ne doit mostrer as enfans granz samblans d'amour, car il s'en orguillissent et en prennent baudour de mal faire; et quant on voit qu'il commencent a mal faire, on les doit aspremente repranre et chastoier de la langue, et reprandre, et se pour tant ne se retraient, li chastis doit estre de verge, et ce ce ne vaut, si soient en prison : pou d'enfant perissent pour chastier et trop pour soffrir

C

en voit que ill comence a mal faire, l'on le doit asprement chastoier de langue, et se il por tant ne se repant et retrait, li chastois doit estre de verge, et, se ce ne vaut, si doit estre mis en prison : pou d'anfanz perissent por chastoier, et trop por sosfrir les males anfances. Assez en i a qui jurent et mesdient de Nostre Seignor et de Nostre Dame et des sainz ; ce ne lor doit on mie sosfrir en nule guise, car mescreant en poent desvenir et a male fin venir. Et li enfant qui desvienent melliz en anfance sont en grant peril d'estre murtri ou de murtrir autrui et estre pandu. Et cil qui desvienent larron de petit de chose vienent a plus grant, et tant, que en la fin sont ataint de larricin et jugié et justisié ; et cil qui les devroient chastoier en sunt mult colpable et aucunes fois le comparent chierement.

D

faire, l'en le doit asprement reprendre de langue, et c'il por tant ne s'en retrait, li chastis doit estre de verge, et, se ce ne vaut, ci soit em prison : assez emfans perissent par chastoier, et trop porroit on souffrir lor males emfances. Car tiex i a qui jurent et mesdient de Nostre Seignor et de Nostre Dame et des sains ; ce ne lor doit on souffrir en nule guise, car mescreant et a male fin em pueent venir. Et li emfant qui sont mellis en enfance sont en grant peril d'estre murdri ou murdrir autrui et estre pendu. Et cil qui sont larron de petites choses viennent a plus grant, et tant, que en la fin en sont ataint et jugié et justicié ; cil qui les devroient chastoier en sont mout corpable et aucune fois le comperent chierement.

E

males oevres. Assez en i at qui jurent et mesdient de Nostre Signour et de Nostre Dame et des sains ; ce ne lor doit on soffrir en nule guise. Car mescreant en puent devenir et a male fin venir, et li enfant qui deviennent meslis d'enfance sont en grant peril d'estre murdri, ou de murdruir autrui ou d'estre pandu. Et cil qui devienent larron de petite chose vinent a plus grant, et tant, que a la fin sunt ataint de grant larrecin et jugié et justicié. Cil qui les devroient chastier en sont mout corpable et aucune fois le compei-rent chierement.

Au moment où s'imprimaient les dernières feuilles,
on m'a indiqué un ms. messin du xiv<sup>e</sup> siècle, décrit dans
la *Romania* (XV, 1886, p. 161 à 191), et qui contient
les *somes* des quatre âges (§§ 227 à 230 de la présente
édition). Cet élément n'a pas paru d'une importance suf-
fisante pour motiver l'addition de quelques variantes
nouvelles.

Je ne veux pas terminer sans adresser mes plus vifs
remerciements à M. P. Meyer qui m'a encouragé à en-
treprendre la publication du *Traité des quatre âges*, et
qui m'a donné bien des indications utiles ; le travail eût
été au-dessus de mes forces si, par intérêt pour l'ou-
vrage, et peut-être aussi pour l'ouvrier, il n'avait voulu
m'éclairer de ses précieux conseils.

Mon commissaire responsable, M. G. Raynaud, a mis
aussi à ma disposition toutes les ressources de son sa-
voir avec une bonne grâce et une amabilité dont je lui
témoigne ici ma sincère reconnaissance.

Paris, décembre 1888.

# DES .IIII. TENZ D'AAGE D'OME

## DES

# .IIII. TENZ D'AAGE D'OME

---

## I

IL qui fist cest conte [1] avoit .LXX. anz passez [2], quant il [3] l'amprint a faire [3]; et en ce lonc [4] espace de vie [5] que [6] Dieus li ot doné, avoit [7] il [7] essaié [8] et usé [8] le pooir et [9] la meniere des .IIII. tenz d'aage d'ome [10], c'est [11] anfance et jovant et moien aage et viellece, es queus il avoit sovant mespris, et plusors foiz l'an estoit mesavenu. Et par soffrir et par servir avoit [12] assez de bien eü, dont il devoit miaus savoir [13] ansaignier les autres [14] et doctriner [14]; por ce vuet parler [15] des .IIII.

---

I. — 1 *E* liure — 2 *B* auoit bien .lx. et .x. anz daage; *manque dans E* — 3-3 *B C* lemprist; *E* lescrit — 4 *D* et en si longue — 5 *B* et en lespace de viure — 6 *D* com — 7-7 *manque dans B D* — 8-8 *manque dans C D* — 9 *D ajoute* toute — 10 *D* de chascun home — 11 *B* cest assauoir; *E* et est a sauoir — 12 *C* por s. et por s. rauoit il — 13 *manque dans E* — 14-14 *manque dans B; remplacé par* et garnir *dans C E* — 15 *E ajoute* et conteir —

tens d'aage devant diz. Mais tout avant pria humble-
ment la [16] glorieuse Virge Marie, que ele par [17] sa
douce [18] misericorde priast son chier fil Nostre Seignor
Jhesu Crit, que il de sa grace l'avoiast [19] et ansaignast a
ce mostrer et deviser resnablement [20] : si commança a
anfance, [21] et dist [21].

2. Nostre sires Dieus, qui tout seit et tout [1] puet et
governe [2], dona de sa grace as petiz anfanz [3] .III. menie-
res de quenoissances et de naturel amor ; dont les .II. sont
en auz, et la tierce est en cels qui les [4] norrissent, et si
est a elz des anfanz meïsmes. La premiere est que l'anfes
aimme et quenoist premiers la fame qui le norrit de
son lait, soit mere ou [5] norrice [6], et sovant avient qu'il
ne vuet panre autre [7] memele [8] que la soe [9]; la seconde
est qu'il connoist et fait samblant [10] de joie et [10] d'amor
a ceus qui [11] joent a lui, et le lobent [12] et portent d'un leu
en autre; la tierce si [13] est en [14] ceus qui les anfanz nor-
rissent et qui est por les anfanz meïsmes, si est la grant
amor que on [15] a et [15] met [16] en aus de nature et de pitié
et de norreture.

3. Et [1] ceste [2] lor a grant mestier; car, se ce ne fust,
il sont si ort et si [3] annieus en petitesce [4], et si mal et
si [5] divers, quant il sont .I. po grandet [6], que a painnes

16 D p. a dieu h. et a la — 17 *manque dans E* — 18 *manque dans
A* — 19 *B* li enuoiast; *C* lenuoiast — 20 *B* tres noblement —
21-21 *manque dans E*

2. — 1 *manque dans E* — 2 *B* q. t. puest et set gouuerner — 3
*D ajoute* cest assauoir — 4 *C ajoute* gardent et — 5 *E* soit — 6
*B ajoute* ou autre — 7 *A* autrui — 8 *E* tetine — 9 *B E* q. de
cele; *C* q. cele — 10-10 *manque dans B* — 11 *B D ajoutent* se — 12
*B E* et le losengent; *C* et losaingent — 13 *A E* qui; *manque dans B*
— 14 *manque dans B* — 15-15 *manque dans A; rétabli d'après B D*
— 16 *C* l. g. amor qui avient e.

3. — 1 *manque dans A E* — 2 Et ceste *manque dans B* — 3 Si
*manque dans E* — 4 *B* jeuneice — 5 *manque dans E* — 6 *B* grant —

en norriroit on nul. Et l'amor qui [7] est en cels qui les
anfanz norrissent, especiaument en pere et en mere, en
aiol et en aiole, croist et anforce toz jors; et les .ii. [8] amors
devant dites qui sont es anfanz, apetisent et aneantis-
sent [9], quant il plus croissent; et toutes voies se doivent
il [10] mout garder qu'il ne mesfacent a ceus qui les ont
norriz.

4. Et [1] li mal anfant qui font les abominacions, ont
perdue la grace Nostre Seignor [2], et sa [3] benoite que-
noissance par les pechiez qu'il ont ja faiz, ou par çaus de
lor ancestres [4]. Mal se donent garde [5] a l'essample [5] que
Nostre Sires [6] Jhesu Criz [6] lor dona, quant [7] il meïs-
mes [8], qui estoit veraiz [9] rois et [9] Dieus [10] et sires dou ciel
et [11] de la terre, porce qu'il daigna veraiz hom devenir,
volt estre [12] humbles et [12] sougiez a sa glorieuse mere et
a son mari Joseph : et quant il plus croissoit, plus les [13]
honoroit et confortoit [14], et estoit a lor commandement,
et puis qu'il fu auques granz, les sivoit [15] il et obeïs-
soit [16].

5. Tuit [1] li anfant devroient panre example a lui, et a
sa grant humilité d'anfance; et bien est voirs que nus ne
porroit ataindre a ses oevres, mais chascuns se devroit
esforcier a son pooir [2] de siurre les [2], et soi mirer [3] as

7 manque dans A D — 8 manque dans B — 9 E amenusent —
10 manque dans B

4.— 1 B C E quar — 2 B la g. de dieu — 3 A D la — 4 B ou par
ceus dont li autre — 5-5 A as examples — 6-6 manque dans B E
— 7 B quar — 8 manque dans B — 9-9 manque dans B C — 10 E
q. e. vrais diex et verais rois — 11 C ajoute rois et sires — 12-12
manque dans B, remplacé par comme li enfens; C humiles anfes;
D h. et fiex; E humles enfes — 13 A anforcoit et; D plus cesfor-
coit et — 14 A conseilloit; D cesforcoit a conseillier — 15 B E
seruoit — 16 B ajoute a eus

5.— 1 B Touz — 2-2 C dansuivler — 3 B et se deuroit mirer —

graces mervilleuses qu'il dona [4] ça en arriers [4] a plusors
anfanz humbles [5] et paciens; et especiaument a sa glo-
rieuse [6] mere, qui fu toz jors dès anfance plainne de la
trés [7] plus [8] grant humilité [9] et obedience [10] de [11] douçor
et de [12] pitié qui onques fust en anfant, après [13] Nostre
Seignor Jhesu Crit; et a plusors autres [14][15] humbles et [15]
paciens et [16] obediens [17] et de bone creance en lor anfance,
et tel comme l'Escriture tesmoigne, qui devise quel [18] il
furent et que Dieus lor fist. Et ainsis se devroient mirer li
anfant a [19] ce qui est avenu a trop grant quantité d'an-
fanz maus et felons et de male creance, qui en [20] mahai-
gnoient ou mouroient soubitement. Et pluseurs en apre-
noient [21] males costumes, si que il [20] en aloient a honte.

6. Mais por ce que aucun [1] porroient dire que anfanz
n'ont pas [2] droite quenoissance, et ne sevent [3] que [4] est
bien ne mal [5], et que tuit li bien [6] qui sont en elz [7] d'umi-
lité et de debonaireté et de bone anfance, sont [8] tuit grace
et don de Dieu, et que autretel seroient [9] li mal [10] com
li bon [10], si eüssent autel [11] grace [12], ainsi n'est il pas.
Bien est voirs [12] que tuit li bien et les graces viennent
de Dieu; mais il ne vuet [13] mie que [14] li anfant soient
paroil as faons des bestes ne as pijons des oisiaus, qui

4-4 *manque dans* B — 5 C humiles — 6 B preciause — 7 *man-
que dans* C — 8 *manque dans* B — 9 C dignite — 10 A C E obe-
diens — 11 *et* 12 *manquent dans* B E — 13 B enpres — 14 *man-
que dans* C D — 15-15 B douz et piteus; C humiles; E humles
— 16 *manque dans* E — 17 E *ajoute* et debonnaires — 18 E
que — 19 B C en — 20-20 A D meeignoient males costumes et
qui — 21 B C aprenent
6. — 1. B E aucunes genz — 2 B C E mie — 3 C *ajoute* mie
— 4 E qui — 5 C biens ou maus; D biens ou max — 6 E *ajoute*
que il font et — 7 C ceaus; D *ajoute* vient d'emfance, et cex qui
i sont de humilite... — 8 A font — 9 C creroient — 10-10 *man-
que dans* B; E comme le bien — 11 E cil auoient autreteil —
12-12 *d'après* B C D E; *dans* A et nest il pas bien voirs — 13 B
veust; C voient; D vieut; E viaut — 14 C *ajoute* tuit — 15-15

sont sanz loquance et sanz raison et vivent naturelment sanz plus. Et li anfant en cui Dieus a mise loquance [15] et raison [15], et qui ont san [16] et [17] entendement et quenoissance [18] [19] de trier [20] le bien dou mal [19] en plusors choses [21], au moins despuis [22] qu'il ont passé .x. anz, il ont [23] franc [24] arbitre de faire bien ou mal [25]. Et qui bien [26] vodroit conter les graces et les biens [27] que Nostre Sires a doné as bons [28], et commant li mal [29] sont puni, trop avroit [30] a faire. Et por ce, se taist ores [31] li contes a parler des anfanz [31], et retorne [32] a ceus qui les norrissent, quel qu'il soient [33], pere ou mere [34], parent ou mestre [35], privé ou estrange.

7. Vous avez oï [1] ça en [1] arrieres ou conte, [2] que l'amour de ceus qui nourrissent les anfans [2] croist et esforce, quant il plus croissent [3], et bien est voirs ; mais en toutes choses commanda Dieus raison et mesure ; [4] et amor [4], dont maus et domage pueent avenir aus [5] .II. parties, ne doit on apeler [6] amor, mais haïne mortel. Et se nature atrait [7] le pere ou [8] la mere de faire la volanté de lor [9] anfant, il doivent [10] avant porveoir [11] se raisons l'a-

manque dans B — 16 C li a. cui dex ha done et mise loquence et rayson en eaux et ont senz — 17 et *manque dans D*; san et *manquent dans E* — 18 B et entendent et quenoissent — 19-19 *manque dans B*; C de t. les biens des maus — 20 A torner — 21 A ajoute et — 22 B C puis — 23 B font — 24 *manque dans B* — 25 D de connoistre le bien et le mal — 26 *manque dans B*; D a droit — 27 B C E benefices — 28 A D siens — 29 C mauuais — 30 A auront — 31-31 B l. c. de la maniere des anfanz; C l. c. des anfanz de laniere de anfanz; D des emfans et de lor maniere; E li compes de la maniere des enfans — 32 E tourne — 33 A ajoute ou ; C ajoute soit — 34 A C D E ajoutent ou — 35 B autres

7. — 1-1 B ça; C cai en — 2-2 A D de cax qui norrissent les anfans que lamours; E q. la. de c. q. les nourissent — 3 D croist — 4-4 *manque dans A D* — 5 A E en — 6 A parler; D moustrer a — 7 B C E contraint; D contraignoit — 8 A et — 9 B C E son — 10 se doit; C doit — 11 B pouruoier; D sauoir — 12 B C s.

porte ou non [12]; car volantez ne doit mie chevauchier
raison; ainz [13] doit raisons estre dame, et volantez desouz
ses piez. Et mout fait bien qui chastoie son anfant des-
troitement [14], tendis [15] que [16] il est petiz [17]; et toz jors
dit on que *l'an doit ploier la verge tandis que* [18] *ele est
graille* [19] *et tendre* [19]; car [20], puis [21] que ele est grosse
et dure, se on la vuet [22] ploier, ele brise. Et se li anfes
plore [23] por chastier, ne puet chaloir; car [24] mialz vaut
qu'il plort por son bien, que ne feroit se [25] li peres plo-
rast por son mal.

8. Ne l'an ne [1] doit pas [2] mostrer [3] a son [4] anfant [3]
grant [5] samblant d'amor; car il s'an orguillit [6], et en [7]
prant [8] baudor de mal faire; et quant on voit que il com-
mance [9] a mal faire, [10] l'an le [10] doit asprement [11] chas-
tier et reprandre de langue [12]; et se il [13] por tant ne se [14]
retrait [15], li chastiz doit estre de verge; et, se ce ne
vaut, si soit [16] en prison : po d'anfant perissent por chas-
tier [17], et trop por soffrir [18] lor males anfances [19]. Assez
en i a [20] qui jurent et mesdient de Nostre Seignor et de

---

r. le done ou n.; *E* ce r. le done — 13 *C* et — 14 *manque dans D*
— 15 *B C* tant — 16 *B C D* comme — 17 Et mout..... petiz *man-
que dans E* — 18 *B E* tant comme; *D* tandis comme — 19-19
*manque dans E* — 20 *B* que — 21 *C* quant — 22 *D* se on la
vieut; *E* ce on ne la puet — 23 *E* ploie — 24 *manque dans B* —
25 *B C* que

8. — 1 *B* ne len; *C* lon ne; *D* ne on ne li; *E* ne on ne — 2 *C*
mie; *manque dans E* — 3-3 *manque dans D*; *E* as enfans — 4
*manque dans B C* — 5 *B* trop biau — 6 *B E* orguillissent — 7 *man-
que dans C D* — 8 *E* prennent — 9 *E* commencent — 10-10 *B*
en len; *E* on les — 11 *B* forment — 12 de langue *manque dans A* ;
*C omet* et reprandre; *D omet* chastier et; *E* a. repranre et chas-
toier de la langue et reprandre — 13 *manque dans E* — 14 *D*
sen; *C ajoute* repant et — 15 *E* retraient — 16 *C* doit estre mis;
*E* soient — 17 *B* trop denfanz perissent pour defaut de chatier;
*D* assez emfans perissent por chastoier — 18 *manque dans B*; *D*
porroit on souffrir — 19 *E* p. s. males oeures — 20 *D* car tiex i a —

Nostre Dame et des sainz [21] ; ce [22] ne lor doit on [23] sof-
frir en nule guise [24], car mescreant en puent devenir et
a male fin venir [25]. Et li anfant qui deviennent [26] meslif
en anfance, sont en grant peril d'estre murtri [27] ou de
murtrir [28] autrui et estre pendu. Et cil qui deviennent [29]
larron de petite chose viennent a plus grant, et tant, que
a la fin [30] sont il [31] ataint [32] de grant larrecin [32] et jugié
et jostisié ; cil qui les devroient chastier en sont mout
corpable, et aucune foiz le comperent chierement.

9. Jadis avint que uns petiz [1] anfes commança [2] a am-
bler po a po [3]. Et plusors foiz [4] porta [5] son larrecin de-
vant son pere, et li peres s'an rioit, et li consentoit, et
disoit qu'il seroit soutis et engigneus, puisque il savoit
ja [6] tant faire, et que d'ambler se garderoit il bien quant
il seroit granz. Mais autrement avint : quar, quant il fu
granz, si [7] fist un tel larrecin, de quoi il fu jugiez a pen-
dre [8] ; et quant on le menoit aus forches, il pria le justi-
cier [9] et les gardes que il soffrissent que il baisast et aco-
last son pere avant, et puis iroit volantiers a son mortel
juïse [10]. Cil en orent pitié, et [11] li [12] soffrirent ; et cil, en
samblance de baisier son pere, le print as denz par le
neis, [13] et li arreja [13] et afola [14] toute la chiere.

10. Li criz fu granz, et li justiciers [1] li demanda por

21 *B ajoute* et des saintes — 22 *A* si — 23 *manque dans B*;
*B et C ajoutent* mie — 24 *B* meniere — 25 *A D* car m. et a
m. f. en pueent venir; *B C* car il en puest deuenir mescreanz et
a m. f. v. — 26 *A D* sont — 27 *B* ocis — 28 *B* ocirre — 29 *D*
sont — 30 *D ajoute* en — 31 *manque dans D E* — 32-32 *manque
dans D*

9. — 1 *manque dans B C* — 2 *C* aprit — 3 *B* petit a petit; *C* pou
et pou; *E* poi a poi — 4 *C ajoute* auint que il — 5 *A C* portoit
— 6 *manque dans A C E*; *D* ore — 7 *E* il — 8 *A* prendre — 9 *A D*
la justice — 10 *A* joise — 11 *E* si — 12 *E* le — 13-13 *manque dans
B*; *C D E* et li menga — 14 *D* deuora

10. — 1 *A C* la justice — 2 *B* sestoit; *E* cestoit — 3 *E* coi —

quoi il avoit ce fait ; et il li respondi que vangiez estoit [2]
de celui par cui [3] on le menoit pandre ; et conta et re-
traïst comment ses [4] peres li avoit consenti [5] en s'anfance
que il devint lerres, et l'avoit loé de [6] ce dont il le deüst
[7] blasmer et reprandre [7]. Li jostisiers qui estoit sages [8],
demanda au pere se il disoit voir [9] ; et il dist que [10] oïl.
Adonc respondi [11] li jostisiers [12] : « Se li lerres fust an-
fes, je le delivrasse [13], et pandisse son [14] pere ; mais il est
hons : si [15] deüst estre sages et soi garder de mal faire ; li
viaus proverbes dit que *chascune chievre par son jarret
pant* [16]; li lerres sera penduz par son mesfet, puis que il
est hons, et li peres est a droît affolez de son vis [17], et
perdra son fil honteusement. » La avint [18] ce qui est dit
devant de la fole amor desvée [19], qui devint [20] haïne [21]
mortel, et torna [22] a domage [23] des .ii. parties [24].

11. Qui norrit anfant ne doit consentir a son pooir
ne soffrir [1] que il face males oevres, ne que il soit baux
ne abandonez de paroles vilainnes ne de vilains jeus [2] ;
car [3] anfant [4] qui [5] aprannent [6] vilainnes teches [7] a pre-
miers [8], les maintiennent [9] longuement [10], et [11] sovant
avient que a toz jors [11], et quant il plus croissent, et les

4 *B* son — 5 *E* soffert ; *C ajoute* et sofert — 6 *manque dans E*
— 7-7 *D* auoir blame et repris — 8 *C ajoute* hom — 9 *B* se son fiz
li d. v.; *E* ce cestoit voirs — 10 *manque dans E* — 11 *B C E* dist
— 12 *C* la justice — 13 *D* laissasse — 14 *E* le — 15 *A B C D* et
— 16 *D ajoute* et tant grate chieure que mal gist — 17 *B C D E* de
sa chiere — 18 *E* est dit — 19 *D* donnee — 20 *E* deuient — 21
*A* puis — 22 *E* tourne — 23 *A ajoute* grant — 24 *D ajoute* il est
escrit qui espargne la verge il het son fill
11. — 1 *B C* ne doit cons. ne souf. a son pouoir q. il f.; *E* ne
doit soffrir a son pooir ne cons. — 2 *B* de vileins geus ne de vi-
leinnes paroles — 3 *D ajoute* ce que — 4 *E* enfes — 5 *manque
dans C D* — 6 *E* aprent — 7 *D omet* vil. teches ; *B C* males ta-
ches ; *E* males teches — 8 *C ajoute* et ; *D ajoute* il — 9 *C* tie-
nent; *E* maintient — 10 *B* legierement au loing — 11-11 *B* plu-
seurs jusques en sa fin; *D* souuent touz jours; *après ces mots D*

males teches ausis. [12] Et de petite achoison [12] et de vilain
jeu ou de vilainne parole aviennent [13] granz maus [14], et
granz destructions maintes foiz [15]; et par douce parole
passe l'an bien un mal [16] pas; et par felon dit ont esté
maint home honi et mort ; car, par raison, ne doit estre
feruz de la pierre ou front qui parole [17] doucement.

12. La premiere chose que l'an doit apanre [1] a anfant,
puis qu'il commance [2] a croistre et [2] a entendre, si est la
creance Damedieu [3] : la *Credo in Deum, Pater noster,
Ave Maria.* De ce sont tenu [4] pere et mere [5] et pa-
rant [6], [7] et obligié a lui apanre [7]; et après, quant li
anfes porra miaus antendre [8], si [9] li doit on ansaignier a
tout le mains les .II. premiers commandemanz de la loi;
car cil dui sont li plus haut et li plus digne, et, a bien [10],
pres que [11] toute la lois i pent [12]; et si i a po de paroles,
si les doit on miaus retenir.

13. Li premiers commandemanz est li trés granz [1], et
dit : « Aimme ton Seignor ton Dieu de tout ton cuer,
et [2] de toute ta pensée, et [3] de toute ta langue, et de touz
tes manbres [4], et de toute t'ame ». Et li secons dit :
« Aimme ton proïme si comme toi meïsmes. » Si n'i a [5]

*ajoute* pour ce dit on quanque li nouiax test recoit en vieillit
le saueure; *E ajoute* que aprent poulains en denteure celui main-
tient tant comme il dure — 12-12 *manque dans D* — 13 *E* auient
— 14 *E* mal — 15 *A* mout de foiz — 16 *B* grant mau — 17 *A B*
palle
  12. — 1 *B C* aprandre; *D E* aprendre — 2-2 *manque dans B C E*
— 3 *A* de son creator — 4 *B C E ajoutent* et obligiez — 5 *D
ajoute* et amis — 6 *C* li parrain; *E* parains — 7-7 *manque dans
B C E* — 8 *D* aprendre — 9 *manque dans B C E* — 10 a bien
*manque dans B E*; a *manque dans D* — 11 *E* apres que — 12 *E*
apent
  13. — 1 *D* li p. commencemens est li tres grans commandemens
et d.; *E* li p. et li tres granz commandemens dit — 2 *et* 3 *man-
quent dans E* — 4 *E ajoute* et de tout ton cors — 5 *B C* il ni a;

plus, et ce est assez qui bien le fera. Et chascuns cres-
tiens le devroit bien faire; car tout ce vient de Dieu, et
tot ce qui vient de Dieu doit on amer et servir [6].

14. Après, si [1] doit l'an as [2] anfanz apanre tel mestier
qui soit a chascun androit soi [3]; et doit on commancier
au plus tost que on puet. Car cil qui est par tens et lon-
guement deciples doit après estre miaudres [4] maitres [5]
de ce que [6] l'an li avra [6] apris. Et grant folie est a dire
et [7] a cuidier que nus puisse ou doie [8] estre bons mais-
tres se il n'a esté deciples, [9] ou se il n'a [9] veü et oï et
apris assez, se ce n'est de la grace dou Saint Esperit [10].
Et de touz mestiers dont [11] il covient plus haster le com-
mancement en anfance [12], ce sont li dui plus haut et [13] li
plus [13] honorable a Dieu et au siegle : ce est [14] a savoir [14]
clergie et chevalerie; quar [15] a poines puet estre bon clers
qui ne commance dès anfance, ne ja bien ne chevau-
chera qui ne l'aprant jones.

15. Legiere chose est a prover que li dui mestier desus
nomé [1] sont li plus digne et li plus porfitable; car par
clergie est avenu sovant et avenir puet que li filz d'un
povre home devient uns granz prelaz; et par ce est riches
et honorez, et peres et sires [2] de celui qui fu sires de lui

E il ni at — 6 B et t. c. q. v. d. d. len doit amer et tenir chier
et seruir; E et de tout ce q. v. de d. le doit on ameir et s.

14. — 1 B C E ce — 2 C a ses — 3 B t. m. come Dieu a prou-
mis et pourueu a chacun endroit soy; C D com len a pourueu
chascuns en droit soy; E com on lor a pourueu a chascun endroit
soi — 4 B meilleur; C E millour; D mieudres — 5 C ajoute de
tot les autres — 6-6 E il auerat — 7 E ou — 8 A D ajoutent cui-
dier — 9-9 A B D E et — 10 B de la propre grace de Dieu —
11 A don; manque dans C. — 12 C et enforcier — 13-13 manque
dans E — 14-14 manque dans B — 15 A D mais; manque dans E

15. — E dit — 2-2 texte rétabli d'après B; A omet qui fu
sires de; C omet de celui qui fu sires de lui et; E omet qui
fu sires de lui; D sires de celui clames et des priuez et des es-

et des siens [2]; et mestroie et governe touz çaus dou païs [3], et puet apostoles [4] devenir, et estre peres et sires [5] de toute crestienté [6]. Et tel [7] i a qui [8] par bien savoir les saintes Escriptures, puet et doit .i. [9] bons clers devenir [10] par droit, et [11] plus legierement aourer bien et après sain-tefier, que .i. home lai qui riens [12] ne seit quant a sein-tefier, se ce n'est par [13] la propre grace de Dieu [14].

16. Li [1] mestiers de chevalerie repuet [2] a [3] grant chose [4] monter [5], car bons chevaliers, par la renomée de sa va-lor et par l'uevre [6], est mainte foiz venuz a grant richesce et a grant conquest [7]. Et plusor en ont esté roi coroné, et autre en ont eü granz richesces et granz seignories; et autre chose i a, que [8] maint chevalier ont esté et sont e1 seront, se Dieu plest, droit chevalier Nostre Seignor, et [9] sont trespassé de ce siecle par martire, en nom de celui qui soffri mort et passion por aux et por les autres [10], si comme mon seignor saint Jorge et autres plusors.

17. Haute chose est et digne de saintefier et estre en la haute gloire [1] Dieu o [2] ses angres devant lui [1], et après la haute digneté desus dite demorent en plus grant re-mambrance en cest siecle meïsmes que tuit li plus haut roi, ampereur et conquereur et seigneur de tout le monde ne font. Car au saint [3] fait on chascun an feste dou jor

tranges — 3 B t. c. de toute crestiante; ce ms. omet la fin de la phrase — 4 C E pape — 5 D enseignerres — 6 D ajoute et estre diex terriens clamez — 7 B C E plus — 8 B quar; C E que — 9 A D on — 10 manque dans B E — 11 manque dans E — 12 D nient — 13 manque dans E — 14 B dou seint esperit; D de jhesu crist; E nostre signor

16. — 1 D par le; E et li; — 2 D ajoute on autresi — 3 D en — 4 D honor — 5 B vennir — 6 D par ses oeures; C ajoute puet venir et — 7 C bien — 8 B quar — 9 D qui — 10 D por touz

17. — 1·1 B auec les anges deuant nostre seigneur; E d. ou ces sains d. l. — 2 C ensanble — 3 B aus sainz; D a sains; E as sains

que il parti [4] de cest siecle et ala [5] a Damedieu [6], et [7] a plusors [7] jeune l'an la vegile [8]; ce ne fait on pas as [9] plus granz seignors terriens qui onques furent. Mais li grant seignor et li grant [10] chevalier et li autre preudome sage et bien entechié, qui bien commancierent en anfance qui est li fondemanz de vie [11], et après esploitierent bien, et parvindrent a bone fin, a [12] bone hore furent né et [13] norri, et sont en repos [14] pardurable; et mainz [15] en i a de cui on fait memoire et biaus diz en rime [16] et en chançons [17] et en autre maniere [17].

18. Et mout est granz honors et [1] profiz que cil qui norrissent les anfanz les facent traveillier de [2] bien apanre [3] lor mestier, [4] quel qui soient, grant ou petit; car granz honors est d'estre bons maitres de son mestier [4], se il estoit ore nés aguilliers [5]. Li haut home et [6] cil qui ont pooir et qui ont assez a faire, et ne pueent entendre a lor anfanz [7] garder et norrir, lor doivent porchacier maistre le meillor qu'il porront [8]; car qui garde anfanz [9] de [10] haus homes et ansaigne, ne doit pas [11] estre [12] novices : cil qui ne seit [13] a [14] soi mal [15] puet ansaignier [16] autrui.

— 4 B D E partirent — 5 B san alerent; D alerent; E alarent — 6 B nostre seignor — 7-7 manque dans A D — 8 C selonc leuangele — 9 A des — 10 C bons; manque dans E — 11 D de la vie de tout home — 12 E en — 13 B ajoute furent bien; C E ajoutent bien — 14 D gloire — 15 C et tex; E et mout — 16 B romans — 17-17 manque dans B; A D et en a. memoire

18. — 1 B C E ajoutent granz — 2 C et — 3 B espandre — 4-4 quar mout grant honeur est destre bons meistre de son mestier que il fait soit grant ou petiz — 5 B es quilles; C D omettent ore; E neis cil fust ores aguilliers — 6 E ajoute tuit — 7 B ajoute apandre et — 8 D ajoute trouuer en nule terre — 9 B fieuz; C E fil — 10 E a — 11 B C D mie; manque dans E — 12 E ajoute nices ne — 13 B ajoute enseignier — 14 C par — 15 C ne; D ajoute a enuis le — 16 D ajoute a

19. Filz de riche home ne doit estre norriz povrement, ne on ne doit soffrir qu'il [1] apraigne a estre [2] mauvès ne cheitis [2], car tost [3] li demorroit la teche tant que il en seroit honiz. Et haus hom riches, por [4] quoi il ait en soi [5] connoissance [6] de chevance [6], ne sera ja destruiz par largesce, mais par [7] avarice; et, por [8] estre [9] eschars, en avront [10] esté maint home [11] deserité. Et largesce cuevre mout d'autres mauveises tesches [12] en riche home, car s'il avient que [13] riches hom ne soit hardiz de son cors, s'il ose largement doner et despendre, il avra tant d'autres hardiz que ja por ce [14] ne perdra [15] terre.

20. Li maitre as filz de riche home se [1] doivent mout traveillier d'apanre [2] a eus cortoisie et biau parler, et honorer la gent [3], et cortoisement recoillir [4], et eux faire apanre les estoires [5] et les livres des autors ou il a mout de [6] biaus diz, et de bons consaus, et de granz senz, qui lor porroient avoir grant [7] mestier, se il les retiennent. Et por les maistres, ne devroit [8] demorer que li pere aus anfanz, se il les ont, ou li plus prochien [9], se il n'ont peres, ou li meillor de lor [10] homes, ne se doignent garde d'aus et des [11] maistres meïsmes, et [12] establir et ordoner [13] comment il se contendront [14], et que ce soit fait [15] sanz [16] losange et sanz [16] grant samblance d'amor. L'an doit

---

19. — 1 *C ajoute* soit ne — 2-2 *B* auers; *C* menuiers ne cheitis; *D* meneurs ne chattis; *E* menour ne chaitis — 3 *D* toute — 4 *D* par — 5 *C* puis que il hait en lui; *E* puis quil a en lui — 6-6 *manque dans E* — 7 *B* pour — 8 *D E* par — 9 *D ajoute* auers et — 10 *E* ont — 11 *B* honiz; *D ajoute* destruit et; *E* honni et — 12 *B* mauueis vices — 13 *E ajoute* li — 14 *A D* or — 15 *A* nen prendra

20. — 1 *A* si — 2 *E* de prendre — 3 *D* toute gent selonc ce quil sont — 4 *B* acuilir — 5 *E* et faire lor aprendre lor ystoires — 6 *B ajoute* biens et de — 7 *manque dans E* — 8 *E* doit — 9 *E* l. p. prochain daus — 10 *D ajoute* parente ou de lor — 11 *E* ces — 12 *manque dans E* — 13 *A* doner; *D* et lor doiuent establir c. — 14 *E* tenront — 15 *manque dans C* — 16-16 *manque dans D*

bien laissier jouer [17] anfanz [18]; car nature le [19] requiert, mais qu'il ne joient [20] trop, *car tuit trop sont mal.* Et cil qui les [21] maitroie lor [22] puet faire .ii. porfiz ansamble [23], se il tost les [24] rapele dou jeu, car il les [25] puet faire tenir [26] en pais et apanre lor [27] mestier.

21. Vous avez oï des maales; or [1] orrez des femeles. Tuit cil et toutes celes qui les [2] norrissent en anfance, les [3] doivent destroitement apanre et ansaignier qu'eles soient bien en commandement et en subjection, et que eles ne soient baudes ne abendonées de paroles ne d'euvres vileines [4]; et que eles ne soient vilotieres [5] ne erranz ne demendierres ne covoiteuses ne larges. Après orrez le pour quoy, car [6] Nostre Sires comenda que fame fust touz jours en comendement et en subjecion [7] : en anfance [8] doit ele obeïr a [8] çaus qui la norrissent, et quant ele est mariée, outréemant doit obeïr a son mari, comme a son seignor; et se ele se rant en [9] religion, ele doit estre obeïssanz parfitement a sa soverainne selonc la regle. Fame ne doit estre abandonée ne baude de maveise parole [10] ne de vilainne oevre [11]; car se ele parole vilainnement, on li respont [12] tel chose, [13] soit voirs ou mançonge [13], dont ele sera par aventure correcie et avilenie toute sa vie. Et on dit en proverbe : *qui biau dit, bel oie.* Et ja n'i eüst il plus que d'estre tenu a vilaine [14], si est ce laide chose; et a poines i a nul ne nule qui n'ait

---

— 17 *A D* loer — 18 *E* enfant — 19 *E* li — 20 *A D* q. il ne se loent; *B* qui ne geuent; *E* quil ne joue trop — 21 *E* le — 22 *E* li — 23 *manque dans E* — 24 *E* ce il trop le — 25 *E* le — 26 *A* retenir — 27 *E* lui son

21. — 1 *C D E* apres — 2 *C ajoute* filles — 3 *E* lor — 4 *C* ne dautres vilanies — 5 *C* violentieres — 6 *manque dans B C* — 7 et que eles ne soient....... en subjecion *manque dans A D* — 8-8 *A D* dont ele obeira — 9 *C ajoute* subjection de — 10 *C ajoute* dire.— 11 *D* n. b. ne ne doit auoir parole de v. o.— 12 *D* on li respondera espoir; *E* on li respondra — 13-13 *manque dans D* — 14 *A B* vi-

faite [15] ou dite.[15] aucune chose que l'an li puet repro-
chier [16]; et se on ne l'a faite, si l'a on dite ou cuidie de
lui ou des siens, et par vilainnement parler li puet on
ce reprochier [17].

22. Fame se doit mout garder especiaument de vi-
lainne oevre de son cors, et de samblant et de fait; car,
comment que [1] li pechiez soit petiz [2], est communs li
reproches [3] : et la honte est trop plus granz a la fame et
as siens [4] que n'est a l'ome. Fame ne doit estre vilo-
tiere [5] ne erranz; car, quant ele l'est, ele voit et est veüe,
et plus aisiéement peut on parler a lei, et ele as genz. Et
granz aprochemanz de fame a home n'est mie bons en
anfance [6], ne puis [7]; car [8] feus et estoupes [9] s'alument de
legier, quant il s'aprochent. Et se ele est demanderresse [10]
et [11] covoiteuse d'autrui avoir, on demandera et covoi-
tera son cors; et covoitise fait sovant mauveise fame et
mauveis home.

23. Fame ne doit estre large, — petite ne grant, — car
pucele n'a mestier d'avoir [1] chose de quoi ele peüst faire
joiaux, por doner as paranz ne as autres [2]; ainz doit es-
tre povre : et por ce, dit on, quant aucuns est a meschief
d'avoir : *Il est plus povres que pucele* [3]. Et quant ele
sera mariée, se ele est large, et li mariz [4] larges, riens ne
lor durra [5]; et se li mariz est eschars, et ele est large,

lenie — 1 5-15 *manque dans* D — 16 D reprouer — 17 et se on ne
la f....... reprochier *manque dans* A B C D
22. — 1 *manque dans* A — 2 B C c. q. ele peche — 3 E car com-
ment que elle peche soit en commun soit en repost on li reproche
— 4 A au s.; D et a touz ciax qui apartiennent a la fame — 5 C
violentiere — 6 E m. bone enf. — 7 D apres; E plus — 8 E que
— 9 E *ajoute* qui — 10 E commanderesse — 11 E ne
23. — 1 E na m. de — 2 C *ajoute* amis — 3 D *ajoute* qui ist de
baing — 4 pucele et q....... li mariz *manque dans* B — 5 E demora

ele fait honte a son seignor [6]. En fame ne puet estre [7]
largesce bone [8] que une [9] : ele puet doner aumones [10] lar-
gement por Dieu, par le congié de son mari, [11] por les
ames d'aus [11], se il ont quoi; et quant on voit fame trop
large, toz jors [12] doute l'an qu'ele ne soit large de son
cors ausis comme de l'avoir.

24. L'an lor doit en anfance aucun mestier apanre
[1] por entendre [1], et non mie [2] penser. Toutes fames doi-
vent savoir filer et coudre; car la povre en avra mestier,
et la riche connoistra miaus l'ovre des autres. A toutes [3]
doit on apanre et ansaignier [4] que eles soient bones bais-
seles [5], les povres por ovrer, les riches por ansaignier; de
tout ce ne doit estre nule [6] desdaigneuse, car la glorieuse
mere Dieu daigna et volt ovrer et filer [7].

25. A fame ne doit on apanre letres ne escrire [1], se ce
n'est especiaument por estre nonnain; car par lire [2] et
escrire de fame sont maint mal avenu. Car tieus li osera
baillier ou anvoier letres [3], ou faire giter [4] devant li, [5] qui
seront [5] de folie ou de priere, en chançon ou en rime ou
en conte, qu'il n'oseroit proier ne dire [6] de bouche, ne
par message mander. Et ja n'eüst ele nul [7] talant de mal
faire, li deables est si soutis [8] et entendanz [9] a faire pe-
chier, que tost la metroit en corage que eles lise les letres,

— 6 *B* baron — 7 *B C E* auoir — 8 *manque dans E* — 9 *D* l. b.
fors vne seule — 10 *A D* au moins — 11-11 *B* pour leur ames ;
*C* por les aume dauz; *D* par li — 12 *B C E ajoutent* se
24. — 1-1 *manque dans D* — 2 *manque dans B*; *C* p. e. et por
giter de p.; *D ajoute* a; *E omet* non mie — 3 *D ajoute* gens — 4 *D*
*ajoute* et nommeement a fames — 5 *B* menagieres; *C* meisaires; *E*
ourieres — 6 *B ajoute* fame — 7 *E* d. et v. faire filer et ourer
25. — 1 *E* escrit — 2 *B* por lou rire — 3 *manque dans E* —
4 *E ajoute* vnes lettres — 5-5 *manque dans E* — 6 *A* dire ne
proier; *B* qu'il ne li o. ne ne pourroit d. de b.; *E* qui ne li o. ne
poroit d. — 7 *manque dans E* — 8 *A* soumis — 9 *B* ententif; *E*

et li [10] face respons. [11] Et queus que li respons [11] soit, foibles ou fors, a l'anortement [12] de l'anemi et a la foiblece de la complexion [13] de la fame, a unes autres letres plus losangieres sera angignie par aventure ; et touz jors dit on que *au serpent ne puet* [14] *on doner venin,* car [15] trop en i a.

26. Cil et celes qui les norrissent ne doivent consentir [1] [2] qu'eles aient [2] compaignie de mauveises fames, ne d'omes [3] ne de garçons [4] ; car les mauveises fames les [5] ennortent [6] volantiers [7] a mal [7] faire, et les deçoivent [8] et mentent sovant a eus [9] de par çaus qu'eles dient qui les aimment [10], et dient mençonges a ceus de par eles, et lor devisent les [11] façons ; et sovant est avenu que cil motissent [12] les [13] façons et se vantent [14] qu'il les ont eües [15]. Et la compaignie des garçons et des garces est mout mauveise ; car mainte foiz est avenu qu'il s'antraimment dès petitesce [16], et si tost comme il le pueent faire, il s'assamblent, ainz que les autres [17] genz [18] cuident que nature lor [19] requiere.

27. En toutes menieres se [1] doit on porveoir de les garder [2] destroitement [3] et chastier asprement, en dit et

---

entendus — 10 *E* en — 11-11 *manque dans B* — 12 *B* amonestement — 13 *A* f. et a la c. ; *B C E* la foible complession — 14 *B C E* doit — 15 *E* que

26. — 1 *C D* souffrir — 2-2 *C* entor eles ; *B E ajoutent* maueise — 3 *A* dames ; *D* de garces — 4 *B ajoute* a mal faire — 5 *C* lor — 6 *B* amonnestent — 7-7 *C* le mal a — 8 *D ajoute* car lune fame lautre decoit — 9 *E* et lor mentent souent — 10 *D* et lor mestent souuent jour de parler a ciax quelles dient quelles aimment — 11 *C D E* lor — 12 *C* desuisent — 13 *C* lor — 14 *C ajoute* de eles — 15 et souant....... ont eues *manque dans E* — 16 *D* quil sacordent de petitesse et sentr. — 17 autres *manque dans B E* — 18 genz *manque dans C* — 19 *B C* les

27. — 1 *manque dans C* — 2 *B C E ajoutent* et nourir — 3 *man*-

2

en fet, dès [4] petitece : car [5] anfance est li fondemenz de vie, et sor [6] bons [7] fondemenz puet on bastir [8] granz edifiz et bons. Et mout se doit on traveillier de les [9] ansaignier sovant, [10] et doner soi garde qu'eles soient [10] de bele contenance et simple, et que lor regars soient coi et [11] atampré; de non [12] esgarder trop affichiement [13], ne trop haut, ne trop bas, mais devant aus tout droit a l'androit de lor iaus, sanz traverser, et sanz bouter sa teste avant; ne traire [14] arriers [15] en fenestre ne aillors [15], et simplement passer [16] et aler [16] devant la gent.

28. Quant eles sont assamblées [1] de [2] noces ou d'[3] autre feste, l'an lor doit bien [4] deffandre qu'eles ne soient trop plaisantieres ne trop acointables, ne vileinnement gourdes [5]. Et mieus vaut il qu'eles soient [6] un po desdaigneuses en meniere [7] et orguilleuses, que trop souples [8], especiaumant a ceus et a celes qui repairent [9] antor eles [10] et font [11] acoison de servir eles [12]. Car l'an dit, et voirs est, que *privez sires fait* [13] *fole mainie ;* et plus granz perilz gist [14] en privée dame que en privé seignor ; et mout afiert a fame qu'ele parole po [15]; car en [16] trop parler dit on sovant [17] folie [18].

*que dans E* — 4 *A* de; *C* en; *E* et en — 5 *A C ajoutent* en — 6 *E* son — 7 *A D* granz — 8 *C* faire; *D* fonder — 9 *D* lor — 10-10 *manque dans B* — 11 *A D* s. tuit; *C* beaus et — 12 *B D* nous — 13 *A* affermement — 14 *manque dans D* — 15-15 *manque dans E* — 16-16 *manque dans A*

28. — 1 *A C* ansamble — 2, 3 *D* por — 4 *E* mout — 5 *A D* gardees; *E omet* ne v. g. — 6 *B* vaudroit il q. elles eussent; *C* v. il q. eles aient; *E* vient il q. elles aient — 7 *B* .j. poy de desdoingneuse maniere; *C* om pou desuiagouse maniere; *E* .j. pou de desdaingnouse meniere — 8 *E* simple — 9 *B* q. sont et r.; *C* q. vont — 10 *A B C D* eux — 11 *B* a. e. pour; *C E* a. e. en — 12 *manque dans E* — 13 *C* norrit — 14 *C* est — 15 *D* petit — 16 *E* a — 17 *B* que cest — 18 *D ajoute* et li prouerbes est que en trop parler ne gist se pechiez non

29. Noble chose est que fame soit bien norrie et de bele
contenance; et chascune [1] d'eles [1] le devroit volantiers
apanre [2] et retenir [2], car mainte povre pucele a esté es-
lite [3] et apelée [3] a estre riche dame, et hautement mariée
par sa bone renomée; et mainte haute [4] dame [5] a esté
refusée et avilliée [6] par son mauveis renom de fole con-
tenance, et [7] en a [7] honeur perdue [8] et mariage. Et au-
cune foiz a mout valu bele contenance [9] et sage deporte-
ment [10] a cele qui a mesfet [11]; et par le contraire [12] ont
esté avilenies et blasmées plusors, sanz mesfere. Aucunes
foles [13] genz [14] dient qu'on ne puet fame garder, se ele
meïsmes ne se garde; sanz faille mout i a fole [15] garde [16],
se [17] ele viaut maufaire, mais [18] sanz faille [18] on la [19]
puet assez [20] destorner et li [21] tolir mout de [22] traiz [23]
qu'ele vodroit faire [24]. Et aucune foiz avient [25], se [26]
lor [27] porveüe [28] passe [29], que [30] jamès [31] ne troveront
leu; et quant mains [32] i a [33] de mal [33], mains i a de honte,
et plus tost en demeure la parole.

30. Et tieus [1] i a qui dient que mauveises fames gar-

29. — 1-1, 2-2 *manquent dans* E — 3-3 *manque dans* C — 4
*manque dans* A D — 5 B C fame; *manque dans* D — 6 B auile-
nee; D auilonie -- 7-7 *manque dans* B — 8 C poue — 9 et en a h...
contenance *manque dans* A D — 10 E mainmement — 11 C a
celui qui la fait mal; D *intercale ici le passage suivant* et si dit
on que juises cueurent mout de vices en .III. choses ce est conte-
nance couenance et aleure en home et en fame et en cheual quar
la couuenance ce est li homs la contenance cest la fame laleure
cest li cheuaus — 12 E *ajoute* en — 13 *manque dans* C — 14 *man-
que dans* E — 15 E fort — 16 sanz f... garde *manque dans* B
— 17 D quant — 18-18 C tote voie; *manque dans* E — 19 D len
— 20 *manque dans* D — 21 *manque dans* A C D — 22 A D das —
23 C faiz — 24 mais sanz f. on... faire *manque dans* B — 25 B
D *ajoutent* que — 26 *manque dans* B — 27 E lore — 28 B
pourueance D prueue — 29 E trespasse — 30 B ne — 31 D *ajoute*
puis — 32 D *ajoute* en — 33-33 *manque dans* D
   30. — 1 D plusseurs — 2 *manque dans* B — 3 D *ajoute* plus —

dent trop [2] bien lor filles, car eles s'aparçoivent [3] legie-
rement [4] de fol samblant et de fol fet. Por ce qu'eles
sevent que ce [5] monte [6], aparçoivre s'an pueent eles;
mais ja bien ne les garderont, car se les meres les vue-
lent repanre [7] et destraindre [7], les filles lor sevent mout
bien repruchier [8] : « Ja fetes vos ce [9] et ce [9]; et [10] je le
sai mout bien et [11] oï dire [12]. » Et par ce [13] estoupent lor
bouches, si que, se [14] eles [15] le [16] sevent, eles [17] ne le [18]
puent amender [19]; mès les bones meres osent tout bien
faire.

31. Fames ont [1] grant avantage [2] d'une chose : legie-
rement pueent garder lor honors, se eles vuelent [3] estre
tenues a [4] bones, por une seule chose; mès a l'ome en
covient plusors [5], se il vuet estre por bons tenuz [6] : be-
soigs [7] est [8] que il soit cortois et larges et hardiz et sages.
Et [9] la fame, se ele est [10] prode fame de son [11] cors, toutes
ses [12] autres taches sont covertes, et puet [13] aler partot
teste levée : et por ce ne covient [14] mie tant d'ansaigne-
manz as filles comme au filz ; et de tant com il est dit [15]

4 *C* tost — 5 *E* ce que — 6 *B intervertit la phrase; après* leur filles
*on lit* queles seuent bien q. ce monte, et sap. leg. dou fol fet et dou
f. s. — 7-7 *manque dans B; D* et contraindre; *E* ou garder ou
destraindre — 8 *A* respondre; *B ajoute* et dire; *D* les filles
lor responderont — 9-9 *manque dans A D* — 10 *D* que — 11 *D*
*ajoute* ai — 12 *B C* et je le vi et soi en menfance ou je loi dire;
*E* et je loi et sou en manfance ou lai oi dire — 13 *A C* portant; *B*
pour ce; *E* pour tant lor — 14 *manque dans B; D* ce qu — 15 *B*
*ajoute* ne — 16 *manque dans A B D* — 17 *B* ne — 18 *manque*
*dans A B C D* — 19 *manque dans A C; B* respondre; *D* eles ne
lor osent dire
31. — 1 *C ajoute* trop — 2 *D* o. bonne auantaigne — 3 *E ajoute*
et — 4 *manque dans A; D* pour — 5 *B* a lo. couient pluseur cho-
ses — 6 *C* comtez; *E* conteis — 7 *C* mestiers — 8 *B* soit — 9 *D*
*ajoute* a — 10 *D ajoute* seulement — 11 *manque dans A* — 12
*manque dans E* — 13 *E* puent — 14 *D ajoute* il — 15 *B D* c.

desus seroit assez, se eles bien [16] l'apreïssent [17] et feïssent [18]. Et tout ce a retret [19] li contes en anfance de fames [20], que cil et celes qui les norrissent se doignent [21] garde de touz ces anseignemanz, [22] dès qu'elles sont petites [22].

32. Et atant se test li contes d'anfance, et [1] parlera de jovent.

# II

33 [1]. Cist [2] contes dit [3] que jovens est li plus perilleux de touz les [4] .IIII. tens d'aage d'ome et de fame; car ausis comme la buche vers, qui est ou feu, fume sanz plus, tant [5] qu'ele soit [6] bien [7] eschaufée et anprinse, ausis [8] est il d'anfance a jovant. Nature fume en anfance, et en jovent est li feus natureus [9] espris et alumé; et la flame [10] en saut si trés haut, que plusors foiz vient devant Nostre Seignor [11] Jhesu Crit [11] en son hautisme siege la puor dou feu de luxure et de plusors autres granz pechiez que li jone [12] font perilleusement [13]; [14] perilleusement vivent jones [15] genz, et plus perilleusement [14] muerent, se il trespassent [16] de cet siegle [16] jone.

jay dist — 16 *manque dans D* — 17 *D ajoute* et retenissent; *E* laprenoient — 18 *E* faisoient — 19 *B* Et tost a ce r. — 20 de f. *manque dans A; E ajoute* por ce — 21 *C* proignent — 22-22 *manque dans A; D ajoute* et emfans
32. — 1 *C E* si.
33. — 1 *Ce paragraphe manque dans D* — 2 *B C* Li — 3 *manque dans E* — 4 *C* li p. p. des — 5 *A* faut — 6 *C E* est — 7 *manque dans E* — 8 *B* ausinc — 9 *A ajoute* et — 10 *B* flanbe — 11-11 *manque dans B* — 12 *B E* q. l. jeunes gens — 13 *manque dans C E* — 14-14 *manque dans B* — 15 *A* bones — 16-16 *manque dans B*

34 [1]. Sovant avient que li jones [2] n'oit ne [2] ne voit, ne n'antant [3] ne ne doute [3] riens ; ainz est si anflez [4] dou vent [5] naturel de jovant qui [6] alume le feu [7], qu'il ne seit les ovres que il fait ne n'oit ce que on an [8] dit, [9] ne n'antent [9] ne ne doute [10] ce qui [11] en [12] puet avenir par raison. Adonc chevauche volantez [13] raison, et fiert tant avant des esperons que raisons recroit [14] et demeure, et volantez s'an passe [15] tout outre le cors [16] jusqu'a perdicion [17].

35. Il i a [1] plusors josnes qui sont si outrecuidié qu'il cuident tout savoir et pooir et valoir ; mais sovant faillent a lor esme [2] ; et toz jors dit on que *cuidier n'est pas savoir*. Il en i a de soutis et [3] quenoissanz d'assez de choses, mais tost se corroucent ; et [4] corrouz de jovente est [5] trop [6] desatemprez et soubitainnemant [7] mesfait par les .II. [8] eschaufemanz, ce est de corrouz et [9] de nature.

36. Et telz i a [1] qui dient que cil dou moien aage sont ja ampirié, et auques recreü et remeis [2] en partie de ce qu'il sorent et valurent [3] ; et dient que li viel sont rassoté et hors [4] de memoire, et sont changié et remué de ce qu'il soloient savoir [5], et sont revenu en anfance ; por

<hr/>

34. — 1 *Ce paragraphe manque dans* D — 2-2, 3-3 *manquent dans* B ; E li j. ne voit ne oit ne nentent ne ne doute rien — 4 B C E souflez — 5 C vient — 6 A quil — 7 A *ajoute* et — 8 *manque dans* C — 9-9 *manque dans* E — 10 C se ne dote rien — 11 B E que — 12 en *manque dans* B. — 13 B C *ajoutent* sus ; E volentiers sor — 14 C ne croit ; E retrait — 15 C et v. trepasse — 16 le cors *manque dans* B ; C outre toz les cours ; E outre tout le cors — 17 E en perdition jusques

35. — 1 D Il est — 2 A elme ; C aime — 3 B C E *ajoutent* de — 4 A en — 5 A et — 6 B mout — 7 B souuent ; D soudainement — 8 *manque dans* A D ; E par le dous — 9 *manque dans* E

36. — 1 B Et tiex q. d. — 2 B rouez — 3 B de ce quil souloient valoir — 4 E fors — 5 C valoir — 6 B C E quoi — 7 E nez —

ce [6], il ne les prisent ne [7] que les anfanz. Et assez en i a qui ne lairont ja [8] a faire ce que lor conscience lor done por consoil de nelui [9], ne chose qui bone lor samblast [10], por le dit de la gent; et autres i a [11], quant vient [11] en [12] granz consaus, si [13] dient avant baudemant.

37. Il est escrit ou livre Lancelot, ou il i a mout de biaus diz et de soutis, que uns prodons et [1] sages et loiaus [2], qui avoit a nom Farien [3], avoit .j. sien neveu [4] qui estoit apeleiz [4] Lanbague [5]; cil estoit [6] viguereus et hardis et estalufrez. Andui furent a .i. mout grant consoil ou il avoit assez [7] de viaus et de sages [8]. Lambagues, li niés Farien [9], se hasta et parla devant les autres, et ses diz fu tenuz a mal et a folie.

38. Li [1] oncles l'an reprint mout, et li dist : « Biaus niés [2], je t'anseignerai .i. sens [3] qui mout porra valoir a toi et as autres jones, se il est bien retenuz : garde, se tu te trueves [4] en grant consoil, que ta parole ne soit oïe ne tes consaus, devant que li plus sage et li plus meür [5] de toi et li greigneur [6] avront parlé et dit lors senz: si en porras [7] plus avisiement [8] estre garniz a dire [9] ton avis [9]; et se tu viens en besoig [10] d'armes, ou tu puisses fere .i. biau

8 B i a qui ne priseroient ne ne leiroient; C i a de cex qui ne loeroient; E qui ne lairoient — 9 D E nului — 10 B q. b. leur samblent — 11-11 A quant il sont; E qui vinent — 12 B au; C es; D E as — 13 B C il; E et

37. — 1 C vallanz; E vaillans et — 2 C cortois — 3 B l. que len apeloit farienp; D phariens — 4-4 A D qui auoit nom — 5 B lendague; C E lanbegue — 6 C ajoute pruz; E cil estoit apeleis lambegues et estoit mout — 7 E mout — 8 C ajoute et tant que — 9 B li niers au viel f.

38. — 1 E Ces — 2 B reanz niers — 3 A B san; E apanrai .i. s. — 4 A s. tu ies — 5 A D maior — 6 et li greigneur manquent dans A D; C ajoute et li plus grant seignor — 7 B C E ne coupent pas la phrase : et de leur sens pourras — 8 D aysiement — 9-9 manque dans B — 10 C poigneiz — 11 E

cop, garde que tu ja n'i atendes [11] plus viel ne plus jone de toi, car granz [12] honte et granz pechiéz [13] est de fol consoil doner hastivement, et granz honors est d'estre [14] viguereus [15] et hardiz, quant [16] leus en est, et especiaument en jovant [16]. »

39. .I.autre proverbe i a [1] qui dit [1] : *Qui n'a juel [2], si l'achat, ou le [3] porchace en aucune meniere*; car sanz consoil de viel [4] ne doit on ovrer [5]. Bien puet [6] on dire que la conscience des jones genz [7] est [8] ausis comme une grant [9] vecie [10] anflée [11] de volanté, et qui a droit [12] la fiert, de legier crieve. Et por le dit de la gent doit on mout de choses laissier; qui riens n'an leisse, il est haïz [13] et blasmez [14] dou plus de la gent. Sovant est avenu que aucunes vaillanz [15] genz, por doute de blasme [16] et de [17] dit [16] de la gent, se sont laissié tuit despecier en aucune [18] place, et ont choisi a escient a morir por honor [19].

40. [1] Les jones genz font [2] de legier volantiers [3] outrages et tors [1]; et se il sont fort, il laidissent [4] ou deseritent [5] lor povres voisins [6] aucune foiz, et les batent et mehaignent, et aucun en ocient. Tout ce est morteus pechiez, et granz perilz i a as riches homes [7]; car assez

q. tu ne la. — 12 *E ajoute* et — 13 *C* folie — 14 *B* g. h. gist a e.; *C* g. h. git en e.— 15 *E* garnis — 16-16 *B* list en
39. — 1-1 *manque dans A D* — 2 *A* veel; *B* goial — 3 *manque dans E* — 4 *B ajoute* ou de moien; *D ajoute* home — 5 *E* viure — 6 *B* doit — 7 *manque dans B D E* — 8 *E ajoute* souent — 9 *manque dans C E* — 10 *C ajoute* bien — 11 *B ajoute* dou vent; *D* plaine — 12 *D* et q. .i. poi — 13 *D* honnis — 14 et b. *manque dans B* — 15 *D* vilaines — 16-16 *manque dans B* — 17 *D E* de b. ou por — 18 *C* vne — 19 *B ajoute* plus volentiers que viure a honte
40. — 1-1 *B* Legiers et outrageus sont aucuns — 2 *C ajoute* souent et — 3 *manque dans B* — 4 *A* assaillent — 5 *D ajoute* volentiers — 6 *D ajoute* par — 7 *B* a. r. meimes; *C E* a. r.

i a de povres hardiz, [8] et por ce qu'il ont moins [9] a perdre, se vangent plus tost [8]. Et ausis mole est la pance dou riche home [10] comme dou povre [11] : bien i puet antrer li glaives [12]; car li viguereus [13] n'oblie mie [14] honte [15] de legier, ainz panse sovant a la vanjance [16]. Cil qui grant mal [17] et pechié [17] fait [18] [19] sanz amande [19], il est haïz et de Dieu et dou siecle [20]; et se [21] mal l'an vient [22], il l'amporte a droit; ja n'an sera plainz.

41. Li jone haut home qui sont grant [1] seignor de terre et de païs et ont en lor subjection les chevaliers et le [2] pueple, sont en [3] mout perilleus estat [4] ver lor genz, et lor genz ver eux; car li jone seignor naturelment [5] governent [6] plus o les jones genz, et plus les aimment et croient, que il ne font ceus [7] de moien aage [8] ne les vieuz [8]; et par l'eschaufement de lor jovent et le [9] consoil et [10] la compaignie que il ont des jones, avec le pooir de la [11] seignorie, mesfont sovant ancontre lor [12] honor et au [13] peril de lor ames, tel i a; et plusor d'aus en ont esté en point [14] de deseritement [15], et aucuns deseritez outreement; et [16] tant comme li grant seignor [17]

---

h. meimes — 8-8 *manque dans B* — 9 *C E* et cil qui meins ont; *D* et eus qui ont mains — 10 *manque dans B D* — 11 *D ajoute* et souuent plus mole et — 12 *C ajoute* de legier — 13 *B C E* cuer de v. — 14 *manque dans B C* — 15 *manque dans A E* — 16 *D ajoute* et si dit on communement con ne doit mie regarder a qui on fait courtoisie mais touz jourz doit on bien et diligamment resgarder a qui on fait vilonie et — 17-17 *manque dans B; E* et grant p. — 18 *A D* font — 19-19 *B* et petit sen amende; *D* au monde — 20 *B D* monde — 21 *C* et souent auient que — 22 *B* auient

41. — 1 *manque dans B; C E* chief et — 2 *B* lautre — 3, 4 *manquent dans D* — 5 *D* communement — 6 *B* couerssent; *C E* conuersent; *D ajoute* et repairent — 7 *manque dans B* — 8-8 *manque dans A* — 9 *B* et pour le; *C* et de lor — 10 *C ajoute* de — 11 *D* lor — 12 *D ajoute* seignor et encontre lor — 13 *E* en — 14 *C* peril — 15 *E* deshireteir — 16 *E ajoute* de — 17 *manque*

sont plus [18] haut et plus riche et plus puissant [19] d'autre
gent, et ont plus a perdre [20], tant [21] doivent il estre
mialz [22] conseillié et [23] porveü, et doutenz [24] de perdre [25]
.III. si granz choses, comme est [26] honors, [27] seignorie [27]
et l'ame.

42. Et li [1] jone home [2], qui qu'il soient, chevalier ou
borjois ou autres, qui ont aucun pooir, se doivent [3]
mout garder que il ne se [4] revelent [5] as seigneurs ; car
trop est honteuse chose et vilainne d'estre contre [6] sei-
gnor : [7] comment que ce [7] soit, a droit ou [8] a tort, i a [9]
vilain blasme, et sovant en est on tenuz a [10] traïtor,
et po avient que l'an n'an [11] vaigne a male [12] fin [13].

43. .I. autre [1] proverbe i a [2] qui dit [2] : *Mal seignor
ne doit on mie foïr, car il ne durra mie toꝫ jors [3] ; mais
on doit [4] foïr mauveis païs qui [5] est toꝫ jors mauveis.*
En [6] aucun androit [7] est bons cist proverbes, et en aucun,
non ; car ou monde [8] n'a si bon païs, que l'an ne [9] deüst
mout [10] bien foïr en [11] aucune saison, por .I. jone seignor
mal et fort, se il fust atant [12] correciez qu'il vossist [13]
honir ou [13] destruire son home ; car tele chose [14] li por-

dans *D* — 18 *B ajoute* grant et plus — 19 *E* grant — 20 *D*
prendre — 21 *B* en tant — 22 *E* miex — 23 *E ajoute* miex —
24 *C* dotif ; *D* et estre doutans ; *E* doutif — 25 de p. *manque dans*
*D* — 26 *B* sont ; *manque dans C E* — 27-27 *B* et les autres

42. — 1 *B ajoute* autres — 2 *manque dans C* — 3 *A C* se redoi-
uent ; *D* si se d. — 4 *manque dans A C D* — 5 *C* soient reuelant
— 6 *B ajoute* son ; *C E* encontre — 7-7 *manque dans D* — 8 *D*
soit ; *E* soit a droit soit — 9 *B E* trop i a ; *D* car il i a — 10 *C*
por — 11 *D* q. len en ; *E* q. on nen — 12 *D* bonne — 13 *B C E*
v. a mauueis chief

43. — 1 *manque dans B* — 2-2 *manque dans D* — 3 *B* m. touz
temps ; *E* pas t. j.— 4 *C ajoute* bien — 5 *C D* puis quil — 6 *A* Et en
*E* Et — 7 *D* liex — 8 *A* mont — 9 *B* que len ; *D* ou len ne ;
*E* con ne — 10 et 11 *manquent dans B E* — 12 *B C* autant —
13-13 *manque dans B* — 14 *C* jornee — 15 *D ajoute* adonc —

roit [15] faire [16] que [17] jameis ne seroit [18] amandée. Mais as bons païs puet on bien recovrer [19], se li seingneur [20] s'atempre, ou [21] s'amande, ou muert.

44. Mout se doit on garder en toz tenz que [1] l'an ne seit [2] querelous [3] ne [4] estriveor [5], especiaument en jovent, qui est li plus perilleus de touz les .IIII. tens d'aage, [6] et que l'an ne [7] s'amorde a avoir contans sovant [7] de legier [6]; car, par achoison de bien petit commancement d'estrif ou de contant, puet on venir a plusors granz maus [8] que l'an ne [9] savroit [10] nommer. Entre les autres, se doit on trop garder [11] des choses devant dites [11] as [12] .III. persones desoz nomées : ce est a son prelat, et a son seignor, et a sa fame espousée.

45. Car au prelat, quel que soit la querelle, ou a droit ou a tort, il estuet [1] que l'an vaigne a sa merci, a la vie ou a la mort, qui ne vuet morir [2] escommeniez ou avilliez [3]. Et il ont tel avantage, que il [4], qui [5] sont adversaire [6], sont juge de lor querele meïmes; et se l'an apele de [7] la [8] sentence au soverain d'aus, toute voie est ce [9] a clers, et [10] il sont presque [11] tuit feru en un coing;

16 *C ajoute* sofrir — 17 *B* qui — 18 *B* pourroit estre — 19 *C* retorner — 20 *A D* anfes — 21 *E* rec. et li maus sires

44. — 1 *D* car — 2 *A ajoute* comme longuement auant; *D ajoute* c. l. durra — 3 *manque dans A; remplacé dans D par* cil — 4 *manque dans D* — 5 *D* estris — 6-6 *A* et que lon nait souant contens a petit ne a grant; *D* et que en samour auoir sesmuet de legier contens — 7-7 *B* sacoustume a auoir souuent touz temps; souant *manque dans E* — 8 *B C* a plus granz maus; *E* a mout grant mal et a plus grant — 9 *manque dans A* — 10 *B* g. m. dont mout i a qui les voudroit — 11-11 *B* dauoir contenz et estrif; *D ajoute* et diligamment — 12 *manque dans A; D* des

45. — 1 *B* escouuient; *D* couient — 2 *B* estre; *D ajoute* comme — 3 *B C E* auileniz — 4 *B* cil — 5 *manque dans E* — 6 *E ajoute* et — 7 *manque dans B* — 8 *E* lor — 9 *C ajoute* de lor sentence

car [12] ce qui [13] est avenu [14] a l'un [15] puet avenir [15] a l'autre.

46. A son seignor [1] ne puet on avoir bon plait; car, se il se corrouce, trop [2] puet [3] trover achoisons [4] a mal faire [4], et tout par usage li doit on, tant qu'a painnes le puet on fornir [5], s'a la foiz [6] n'i vaut escommenie- menz [7]; et [8] se l'an a mal por [9] seignor, l'an l'anporte [10], et se l'an fet mal a seignor [11] en quelque meniere que ce soit [11], l'an an [12] est tenuz a [13] touz dis [13] desloial.

47. Et cil qui a contanz a sa fame, se il a tort, il mesfet a [1] Dieu, et se desloiaute des convenances [2] de son mariage [3]; et, a la foible conplexion de fame, puet [4] ele antrer en volanté de mal faire par le contant; et [5] les genz qui l'oient, pueent cuidier que ce soit [6] plus grant chose [7] et [8] plus honteuse [9] qu'ele n'est aucune foiz [9], et tieus [10] orra le contant, qui plus hardiement [11] la re- querra [12] de folie [12]; et ce n'est [13] que honte as .II. parties. Et se ele [14] mesfet, si vaut [15] pis, car dou [16] mesfet

— 10 E car — 11 B paranz et — 12 D ajoute qui em fiert lun ou talon il fiert lautre ou front et; E et — 13 E quil — 14 man- que dans B C E — 15-15 C si est

46. — 1 A C A s.; E Au s. — 2 D cil se c. il; E ce il se tourne trop — 3 A ajoute on — 4-4 manque dans B — 5 C le puet nuns f.; E li puet nus fuir — 6 B C E se la foi — 7 B C et con- ment que ce soit; E et conment que il soit — 8 manque dans B; C soit — 9 B par — 10 et se l........ anporte manque dans D — 11-11 B conment quil aueigne; D en quelconques maniere quil auingne — E conment que ce soit — 12 manque dans B D — 13-13 manque dans B C E; D a touz jours

47. — 1 C il m. vers; D il est meffaiz en vers — 2 C couent — 3 D et la desloyautes de son mariage est desauenans — 4 D por- roit — 5 se il a tort..... par le contant et manque dans E — 6 D ajoute por; E ajoute de — 7 B ajoute que ce neit — 8 D ajoute por; E ajoute de — 9-9 manque dans B; D E que ce nest a. f. — 10 B aucuns — 11 B C baudement — 12-12 manque dans A D — 13 D ajoute fors — 14 E ajoute se — 15 E vaura

de [17] la fame est li mariz avileniz, quant il est seüs, [18] comment que ce soit, a tort ou a droit [18].

48. Quant li mariz et la fame sont mal ansamble [1] longuement, c'est granz honte; et granz domages [2] en puet avenir. Et a cui qui [3] soit li tors, li hons en est en peor point [4] de tant comme il [5] seit et vaut, et [5] doute plus honte que la fame ne fait; et de bataille d'ou [6] l'an ne puet avoir que le peor [7], ne se devroit on ja [8] conbatre. Li faiz de fame espousée est trop dongereus, et li sage dient que li mari ne puent parler de lor fames devant estranges [9] que une sole parole sage : ce est que si tost comme [10] il verra que [10] li autre la regardent [11], que il die : « Ce est ma fame »; et portant [12] seront en pais [13], se il sont cortois.

49. Les jones genz ont faus [1] jugement en aus; car il honorent de lor parole çaus qui font honte aus prodomes de lor fames et de lor filles; et dient qu'il sont mout [2] vaillant et amoureus et amez [3] de lor amies, et mesdient des mariz et des peres as fames [4] vilainnement; et ce est trop vilains tort [5]. Car ce sont li darrean [6] qui le sevent,

— 16 A car par le — 17 C D a — 18-18 manque dans A; B D c. q. ce s. a tort; C a tort ou a droit; E c. q. ce s. soit a tort soit a d.

48. — 1. manque dans E — 2 B E mal — 3 B Et quel que; C Et de cuique; D Et qui que; E De quoi que — 4 C en est au pior — 5-5 manque dans B — 6 B C E de quoi; D dont — 7 A poior; B pieur; C D pior; E piour — 8 B n. s. d. ja nus; C n. s. doit nuns — 9 B d. jens e. ; C E d. la gent estrange — 10-10 manque dans D — 11 A D verront; E voient et resgardent — 12 B et si tost come il orront ce dire il — 13 D ajoute et la lairont

49. — 1 A Les jones genz ont fait; B Les jeunes hauz homes ont .I. faus — 2 manque dans E — 3 A comme; D comites — 4 B de leur m. et des p. et des f.; C de lor p. et de lor m. et des f.; D des p. des f. et de lor m. ; E des p. et d. m. et des f. — 5 C moz — 6 B

et qui plus en sont dolant quant il s'en [7] aparçoivent;
et puis qu'il n'an sont corpable, par raison [8] n'an [8] de-
vroient [9] estre honi ne laidangié de rien; mais cil et ce-
les qui font le mesfet, en sont [10] honi a droit, et en
devroient ainsis estre haïs dou siecle [11], comme [12] il sont [12]
de Dieu [13] [14] nostre Seignor [14]; et se chacuns les haïst et
blasmast, mains i eüst [15] de maufaiz.

5o. Et plusors genz i a jones et autres, qui sevent
bien [1] que lor [2] prochiennes parantes font folies de lor
cors aparamment [3], et il le soffrent, et s'an rient et ga-
bent, et [4] eles en prannent cuer [5] et baudor [5], et en sont
plus foles [6] et [7] abandonées as uns et as autres. Et teus i a
d'eles [8] qui en font trop de vilaines [9] ovres [10], et sovant [11]
en est mesavenu; miaus vaussist aus plus sages que il en
eüssent aucunes chastiées asprement [12]. Car li bons josti-
ciers, por .I. home qu'il pent, en chastie et sauve .c. [13];
et en terre ou il n'a jostise, se norrissent larron et mur-
trier et toutes menieres de maufaitors. Et bone jostice et
bien doutée sauve et governe a droit tout .I. païs; ausis
fait uns prodons tot son lignage, homes et fames.

51. En grant doute et [1] en grant [1] angoisse sont li viel
home [2] qui aimment les [3] jones, car il voient et quenois-

derreniers, *D* deesrains; *E* darrain — 7 *manque dans* A D — 8-8
*manque dans* B C — 9 *E* ajoute il — 10 *D* soient — 11 *C* des
genz — 12-12 *manque dans* A D — 13 *manque dans E* — 14-14
*manque dans B* — 15 *B* auroit; *C* m. e. venist; *E* aueroit
5o.— 1 *E* qui souent dient — 2 *D ajoute* prochaines paroles sont
males et que lor — 3 *C* apertement — 4 *D* de quoi — 5-5 *man-
que dans A* — 6 *D* foibles — 7 *E ajoute* plus — 8 *A* eus — 9 *A*
males; *E* de trop v. — 10 *B ajoute* et mauueises — 11 *B D*
*ajoutent* leur — 12 *B C ajoutent* en aucune meniere; *manque*
*dans E* — 13 *B* en est chastiez et sauue cent; *D* en sont bien
sauuez cent
51. — 1-1 *manque dans E* — 2 *manque dans E* — 3 *D ajoute*

sent que lor jone ami ne se gardent de mal dire [4] ne de
mal faire [4], ne de peris des cors [5] ne des ames, ne [6] en
senté ne en maladie, a vie ne a mort. Tant comme li jo-
nes [7] est sains, jamès ne cuide estre malades, ne ne doute
chaut ne froit; et quant il a tant fait que malades de-
vient, l'an ne le puet garder [8], ne justicier, [9] ne me[r]-
gier [9]; [10] ains fait [10] ce qu'il vuet [11]. L'anfent destraint on
et merge [12] par force [13]; et cil dou moien aage est en sa
droite quenoissance, et si se sait garder et faire mergier [14].

52. Et li viaus se [1] sent foibles, si s'espargne et garde,
car il doute trop [2] la mort, porce qu'il est ou [3] darrean [4]
[5] tens de son [5] aage; mais li jones cuide que nus ne doie
morir, se il n'est viaus, et ne se done garde que il est ou
[6] milieu dou [6] feu [7] naturel [8]. Les voines sont [9] plainnes
de sanc et d'umors, et as fors viennent les fors maladies;
de toutes menieres de complexion puet l'an [10] morir jo-
nes [11], et toz jors dit l'an que [12] *ausis tost* [13] *muert le*
*veel comme la vache,* [14] *et aucune foiz plus tost* [14].

53. Et a la mort dou jone est l'ame [1] en grant [2] peril,

fames — 4-4 *E* et — 5 *E* et — 6 *manque dans E* — 7 *D ajoute*
homs — 8 *B ajoute* nameisier — 9-9 *A* ne purgier; *manque dans*
*B*; *C* ne mangier; *D* ne mirgier — 10-10 *A C D* car il ne menjue
ne ne fait que; *B* quar il ne fait ne il ne menjue fors — 11 *B* eime
— 12 *A* purge — 13 *B* les enfanz d. len de mengier a force; *C* len-
fant destroint lan a f.; *D* mais lenfant mireg on et fait on ce com
vieut par f. — 14 *A* si se fait espurgier et garder; *B* sil se sest gar-
der de mengier; *C* si se set garder et faire mengier; *D* cil ce font
mirgier et garder; *E* et si se seit gardeir et faire mergier
52. — 1 *B D* si — 2 *manque dans B* — 3 *B* dou — 4 *B* darre-
nier; *C* dereiain; *D* derrain; *E* darrien — 5-5 *manque dans B* —
6-6 *manque dans A D* — 7 *C* tens — 8 *D ajoute* et quil a l. v. —
9 *manque dans D* — 10 *C* .i. hom — 11 *B C ajoutent* legierement;
*E* p. on legierement morir — 12 *manque dans C* — 13 *B* bien —
14-14 *manque dans E*
53. — 1 *B* lan — 2 *C* lame plus en — 3 Et a la m... gr. dolor *manque*

et li ami en grant dolor [3], et aucune foiz [4] mesfont mout
li ami as cors et as ames : au cors, quant [5] il ne le gar-
dent destroitement porce qu'il ne le vuelent correcier [6];
et [7] miaus vaudroit qu'il se correçast et vesquist, qu'il [8]
ne fait [9] quant il muert; et li ami se [10] corroucent [11] et
font duel [12]; et a l'ame mesfont il [13], quant [14] il [15], por
doute [16] que [17] il ne li facent paor de mort, ne li osent
pas dire ne [18] loer qu'il soit verais confès et comme-
niez [19], et que il face [20] ordenéement [21] son testament et
aumosnes por s'ame, se il [22] a de quoi. Si en est aucune
foiz mesavenu perilleusement, et ja soit ce qu'il soit [23]
verais confès et commeniez [24] !

54. Si fait li jones po de penitance [1] ou siecle : si es-
tuet [2] qu'il la face grant et longue en purgatoire [3]; et an-
quor est ce bon, se ansis avient [4]; tout [5] i ait [6] il meillor
et trés bon [7], quant l'ame est partant [8] en repos pardura-
ble. Mout se devroient estudier et pener [9] jone [10] et
autre, de bien garder [11] le grant chastel, ce est le cors, en
santé et en bon [12] point a lor pöoir [13]; car de [14] celui
chastel [15], tant comme il dure, puet on gaaignier [16] ho-

dans E — 4 C ajoute auient que — 5 C por ce que — 6 E ne lo-
sent corocier ne ne welent — 7 C mut — 8 C que — 9 B feroit —
10 B sen — 11 B ajoute quant il muert — 12 B dueil — 13 man-
que dans A — 14 manque dans B — 15 manque dans E — 16 C
q. il doutent — 17 manque dans D — 18 B ne ne li o. par temps;
C ne li o. portan; D ne ne li o. faire ne; E ne li osent par tens
— 19 B aconmigie — 20 A C D et quil li facent — 21 D hastiue-
ment — 22 A D ajoutent i — 23 E ajoute bien — 24 B et ait co-
migie
54. — 1 B penance; D E peneance — 2 B si escouient; C et se
couient; E ajoute il — 3 B piscatoire — 4 D ajoute de li — 5
manque dans E — 6 B t. soit — 7 C boen — 8 B la. entre par
tenps; D par la; E par tens — 9 D prouuer — 10 B ajoute gens
— 11 B C ajoutent sein et anstier; D ajoute estudieusement; E
de bien faire et de b. g. sain et entier — 12 C boen — 13 D ajoute
et si dit on bon tresor garde qui son cors garde — 14 B a —
15 A D garder — 16 D comquerre — 17 B C sauuement; D

nor et richesce et la senté [17] de l'ame ; et [18] se l'an [19] le
pert sobitainnement, tost [20] puet on perdre [21] les choses
devant dites. Et por ce devroit chascuns estre esveilliez et
ententis selonc sa complexion d'eschiver [22] les contraires
choses [23] et user profitables ; et qui de ce ne s'efforce, il
ne fait mie bien.

55. Force de naturel amor et de raison conduit les
viaus a ce qu'il ne se [1] puent tenir de chastier et repren-
dre lor jones amis, et li jone mesfont en double meniere
perilleusement, quant il ne les croient : l'une est que par
raison [2] lor en doit mesavenir, et sovant [3] est avenu [4] ;
l'autre qu'il font [5] grant pechié, quant il les corroucent,
car il les devroient servir et obeïr, [6] et losengier [6], et non
correcier.

56. Mout est a droit nomez jovanz, car trop i a de
joie [1] et de vent ; assez est [2] plus joliz et plains [3] dou
vent [3] d'outrecuidance [4] .I. povres jones, pour ce que
il [5] soit sains [6], que [7] ne sont [7] li plus riche [8] de touz
les [8] autres .III. [9] tens [10] d'aage. Et tant i a de bien [11]
que [12] toz jors [12] mainnent [13] joie et [14] l'aimment [14], et
pansent po ; mais toute voies devroient il penser as granz
perilz en quoi il gisent [15], et douter les [16] ; car mout est

sauuete ; *E* honour terrienne et le sauuement — 18 *manque dans*
*D* — 19 *D ajoute* ne — 20 *A* tout — 21 *A D* faire — 22 *A* des-
chuer ; *E* deschuir — 23 *D* destre contraires a vaines ch. ; choses
*manque dans E*

55. — 1 *manque dans C* — 2 *A ajoute* il — 3 *A ajoute* lor ;
*D ajoute* lor en — 4 *D* mesauenu — 5 *B* que il est — 6-6 *manque*
*dans A*

56. — 1 *E* jone — 2 *manque dans A D* — 3-3 *B* de vant ; *man-*
*que dans D* ; *E* de v. et — 4 *manque dans B* — 5 *A* puis que il ; *B*
por quoy il ; *D* por quil — 6 *A ajoute* et — 7-7 *B* touz les plus
granz et — 8-8 *B* des — 9 *manque dans C* — 10 *manque dans D*
— 11 *B C E* bon — 12-12 *B C E* il — 13 *C* aiment — 14-14 *B*
liece ; *C* mourent — 15 *B* ou il gisent aucunes foiz — 16 *A*

laide chose [17] et descovenable contre Dieu et contre
droit [17] de vivre comme beste [18] naturelment, sanz
plus [19] de connoissance [20] et de porveance. Car por nus
eschaufemenz [21] de nature [21] ne doit remaindre que il ne
sovaigne a home et a fame, que Dieus les [22] fist, et des-
fera quant lui plaira [23].

57. Et chascuns doit avoir en remenbrance [1] la haute
et la digne passion de Nostre Seignor [2], dont [3] il [4] par sa
glorieuse mort nos reaint et sauva [4] si debonairement,
que [5] il dona soi meïsmes por nos sauver. S'an nos ne
demeure, si l'an devons mercier [6] et aorer devotement [7],
et aler as eglises [8] oïr le servise [9], et veoir [10] et saluer [10]
son saint [11] verai cors, que li prestres [12] tient et [12] lieve
antre ses mains, por avoir plus grant remambrance [13] de
sa passion, et li proier debonairement [14] qu'il nos sauve [15]
en jovent et toz jors, et nos [16] conduie a bone fin.

58. Il i a aucunes foles genz qui dient une [1] grant fo-
lie ou mençonje en leu de proverbe, mais ce est contraire
a proverbe [2] et a raison [2], [3] quant il dient : *De* [4] *jone
saint* [5], *viel diable* [3]. Ainsis n'est il pas : qui plus jones

g. p. et douter en quoi il gisent — 17-17 *manque dans E* —
18 *A* desc. de viure comme beste contre d. et c. d. —
19 *D* point — 20 *D ajoute* auoir — 21-21 *manque dans B C E* —
22 *A C D* le — 23 *C* il voudra
57. — 1 *B* rebrance — 2 *B C D E ajoutent* jhesu crist — 3 *A*
dou — 4-4 *A* nos r. et s. par sa mort; *B* p. s. g. m. nous a reint et
sauue; *C* p. s. gloriose m. nos raincit et salua; *E* p. s. g. m.
nous racheta et s. — 5 *D* quant — 6 *A* Si lan deuons
m. san n. ne demeure — 7 *B* doucement — 8 *B ajoute*
voulentiers et; *E* et al. volentiers as egl. — 9 *C* et oir volantier le
seruise — 10-10 *B* sacrer; *C* et aorer — 11 *B* tres; *manque dans
C* — 12-12 *manque dans B* — 13 *B* rebrance — 14 *B D* et prier
li bonnement; *E* et prier bonement — 15 *manque dans E* — 16 *B*
en j. et nos; *E* en j. et tous jours
58. — 1 *A* aucune — 2-2 *manque dans A* — 3-3 *manque dans D*
— 4 *C* ce — 5 *B* papelarz — 6 *manque dans D* — 7 *B* pres de que;

commance a saintefier, miaus doit perseverer que cil qui [6]
toz jors va de mal en pis. Car l'an dit, et voirs est, que
*lons usages torne presque* [7] *a nature*, et aucun [8] l'ape-
lent seconde nature; et qui en jovant fait aucun bien,
par raison le doit bien [9] faire [10] en moian aage, ou est [11] li
meillors [12] senz et [11] la grignor [13] connoissance que hons
ne fame puisse [14] avoir; et après, en viellesce, quant [15]
on est sor l'orle [16] de sa fosse, se doit l'an parfaitement
amander [17] en touz biens.

59. Mais il puet bien [1] estre que li faus [2] proverbes fu
diz por les ypocrites [3], qui en jovant rungent [4] fausement
les [5] monstiers, et en viellesce font [6] mal aparamment [7];
et si est il mains de mal estre ypocrites devant la gent
[8] qu'estre desesperez [8] : car li ypocrites ne fait mal que a
lui meïsmes [9], ainz done bon [10] example a çaus qui [11] en
jovent li [12] voient faire [13] samblant de bien; et se il done
aucune [14] aumosne, au moins ele torne a porfit a celui
qui la reçoit; et se il le fait longuement, vos avez oï
que *lons usages torne presque a nature*; et, [15] en faisant
ce [15], puet avenir que Nostre Sires [16] le regarde en pitié,
et li done [17] grace et [17] quenoissance de bien faire [18] et
justement [19] après, ce que il faisoit devant por barat.

C D pres — 8 D aucune gent — 9 B C E le d. mieuz; D le deuroit;
— 10 C ester — 11-11 *manque dans B* — 12 D graindres — 13 D
meillor — 14 E q. home et fame puissent — 15 E que — 16 B
seur leur; D sor lueil; E sor lore — 17 C esmander
59. — 1 *manque dans E* — 2 E q. li fais des — 3 B f. d. par
ypocrisie et le dis(tr)ent lipocriste(nt) — 4 E ongent — 5 D *ajoute*
pylers des — 6 A D *ajoutent* il — 7 D et aprennent — 8-8 B que
ades se poine; E que desespereis — 9 D mal se a soi m. — 10 C
boen — 11 B *ajoute* sont — 12 B et — 13 E *ajoute* bel — 14 A
D vne — 15-15 A tost — 16 B q. diex — 17-17 *manque dans A*
— 18 E de faire pour bien — 19 A et vitemant; D et tost; E et
pour vistement

60. Mais au desesperé en dit et [1] en fait [2] ne puet on panre nul [3] bon [4] example ne nul [5] bien noter; ainz avient [6] aucune foiz que par [7] longue sofrance de [8] Nostre Signor [9] qui ne punit [10] et qui ne guerpit [10] volantiers [11] soubitement [12], i [13] prannent mal example [14] aucun fol [15] [16] et pensent [16] et [17] dient : « Je puis mal faire [18] et dire [18], et eschaperai ausis [19] comme cil. »

61. Assez avez oï [1] des perilz et des meschiés [1] de jovant; et trop en sai [2] plus d'autres qui ne sont pas [3] ci nomé ne [4] escrit; et ne puet [5] estre que li jone ne mesfacent [6], car nature le requiert. Et toz jors dit l'an que a peines se puet nus passer [7] que il ne paie [8] le jovant; mais toute voies doit on metre [9] Damedieu devant ses iaus, et efforcier [10] son cuer d'aucun bien faire, car sanz aucune [11] partie de [11] droiture [12] ne puet [13] on vivre, et moralitez dit que nès [14] li larron et [14] li robeor de mer et de terre ne puent vivre sanz aucune [15] droiture, car il covient qu'il aient mestre et chevetain [16] a cui il obeïssent, et qui [17] lor departe raisonablement [18] lor desloial gaeign, et, s'il n'i est [19], il s'antr'ocient [20].

60. — 1 *C* ne; *E* ou — 2 *D ajoute* en li — 3 *manque dans B* — 4 *C* boen — 5 *B C E* aucun — 6 *E ajoute* bien — 7 *C ajoute* la; *E ajoute* sa — 8 *C* que — 9 *C ajoute* li fait — 10-10 *B C E* mie — 11 *D* la volenté — 12 *A* soubitainnement; *D* soudainement — 13 *C* en; *manque dans E* — 14 *C ajoute* a — 15 *B* aucunes gens; *E* aucune fois aucun — 16-16 *manque dans B*; *E* et present — 17 *B D* qui — 18-18 *B C* ou d.; *manque dans D* — 19 *manque dans C*

61. — 1-1 *D* des meschies; *E* des peris — 2 *B C E* i a — 3 *B C D E* mie — 4 *B* en — 5 *D* porroit — 6 *B ajoute* en mout de manieres — 7 *C ajoute* qui puit viure — 8 *E* qui ne part — 9 *C ajoute* toz jors — 10 *D* pourforcier — 11-11 *manque dans D* — 12 *C ajoute* et de bien faire — 13 *B C E* doit — 14-14 *manque dans B* — 15 *B ajoute* meniere de; *C E ajoutent* partie de — 16 *C* souerain; *D* cheuetaine — 17 *A* quil — 18 *B* leaument — 19 *B* et se ce neit; *C* et si ensi nestoit; *B ajoute* mie; *E* et ce ce non — 20 *C* sentrocirroient

62. Li pechié et li mesfet des jones, de quoi il ne se pueent amesurer ne porsivrre droiture [1], sont plus [2] pardonable, et mains les [3] doit on tenir a maus que on ne fait a ceus [4] de moien aage ne as viaus. Ne il ne se doivent desesperer, car qui se desespoire, il est dou tout perduz; et qui a aucune esperance [5] de venir a amandement [5], anquor porra estre sauvez; car nus [6] n'est si granz pechierres que Nostre Sires ne soit [7] plus larges [7] pardonierres a touz ceus qui selonc l'establissement de Sainte Eglise vendront a amandement [8]. Mais, en fiance [9] de ce [9], ne doit on [10] mie [11] pechier; car, par mescheance ou par mort soubite [12], i puet on bien faillir.

63. L'an doit regnablement regarder et estre porveüz des maus et des biens qui sont [1] en toz les [1] .IIII. tenz d'aage [2], et especiaument en jovent, qui est li plus perilleus; et tout [3] premiers [4] doit on porveoir [5] et mirer [6] qui sont li mal, por estre garniz de [7] garder s'en [8]; après, doit on nommer les biens, pour [7] ce que l'an en puist joïr et user covenablement [9]. Li bien de jovant sont grant et [10] assez [11] en i a [11]; car l'an i a plus de joie que en autre tens, et de cortoisie [12] et de largesce et de pooir de cors et de vigor et de valor, et d'espoir de longue vie et de conquest, et d' [13] avoir [14] hoirs et [14] paranz et [13]

62. — 1 *D ajoute* car il couient quil aient maistre et cheuetaine achat — 2 *manque dans B* — 3 *B* leur; *E* lor — 4 *A D* m. q. de cax; *B* m. q. ceux; *C* m. q. a cex qui sunt — 5-5 *C* desmendement — 6 *C* nuns; *D E* il — 7-7 *manque dans B*; *C* p. granz — 8 *C* esmandement — 9-9 *manque dans B D* — 10 *B* len; *D* nus — 11 *manque dans B D* — 12 *manque dans A*

63. — 1-1 *C* es — 2 *C ajoute* et en tot tens — 3 *D* trestout — 4 *D E* premierement — 5 *B* voier; *C* vooir; *E* veoir — 6 *B* mostir q.; *C* motur q.; *D* noter q.; *E* motir queil — 7-7 *manque dans A* — 8 *B E* soy - 9 *B C* resnablement — 10 *manque dans C* — 11-11 *manque dans A C E* — 12 *D* pl. de j. et de cortoisie q. en a. t. — 13-13 *manque dans B* — 14-14 *manque dans A* — 15 *E* et

amis selonc droit de [15] nature; et de toutes ces [16] choses doit on user [17] et orer [17] resnablement a [18] son pooir.

64. Jones doit [1] bien estre joliz et mener joieuse vie, et doit [2] estre cortois et larges, et [3] accoillir biau [4] la gent, et faire cortoisement [5] a plaisir selonc [6] son pooir [7] as privez et as estranges [8]. N'afiert mie a jone home qu'il soit [9] mornes [10] et pensis, ne que il face [11] trop [12] le [13] sage en conseillant devant [14] la gent; car se il [15] oevre bien [16], la bone [17] oevre loe le mestre.

65. Mout est afferable [1] chose [2] a jone home que il oevre par [3] consoil de moïen aage ou de viel [3]; car, se il fait bien, qui que li ait loé, l'onors [4] est soe [4]; et se il fait mal [5], et l'an seit que ce soit [6] par consoil, il en est escusez [7] de tout ou de grignor [8] partie [9]. Jones ne se doit fier dou tout en son senz por soutilleté [10] ne por regnableté [11] qui soit en lui.

66. En jovant doit on user le pooir et la valeur [1] et la vigueur [2] dou cors a [3] honor et a [4] profit [5] de lui et des

— 16 *manque dans A D* — 17-17 *A* orer; *manque dans B* — 18 *E* selonc

64. — 1 *B D* J. hons d.; *E* J. d. on — 2 *E ajoute* on — 3 *B ajoute* sauoir bien — 4 *manque dans B; C D* bel — 5 *B* courtoisie — 6 *B* et largement a — 7 *C ajoute* et largement — 8 et accoillir... as estranges *manque dans E* — 9 *E* Naf. pas as jones quil soient — 10 *B* muez — 11 *E* facent — 12 *manque dans B C* — 13 *B ajoute* courrecie — 14 *manque dans B* — 15 *E* car qui — 16 *B ajoute* len dit que — 17 *manque dans B*

65. — 1 *B* auenent; *C* auenable — 2 *manque dans B* — 3-3 *D* le conseil a plus saige de lui et de plus ancien — 4-4 *D* en iert seue — 5 *B C E* se il faut — 6 *B* len sache que ce ne s.; *E* q. cest — 7 *B* acuse — 8 *manque dans B* — 9 *E* esc. dou plus de la gent — 10 *B* soustillesce quil ait; *C* sotillance; *D* soutillece; *E* subtillence — 11 *B* resnablesce

66. — 1 *A* le valoir; *D* le voloir — 2 *A D* valor — 3 *E* et — 4 *manque dans E* — 5 *C ajoute* dou cors et — 6 *D* honneur — 7 et

suens sanz peresce et sanz targier ; car grant honte   et
grant domage [7] puet avoir [8] qui [9] passe son jovent sanz [10]
esploit. Li jone haut home et li chevalier et les autres
genz d'armes [11] se doivent traveillier d'oneur [11] con-
querre por [12] estre renomez de valor, et por avoir les
biens temporeus et les richesces et les heritages dont il
puissent a honor vivre et lor anfant, se il les ont, et
bien faire a lor amis et a çaus qui les servent, et reposer
en lor viellesces, et que lor eritage [13] et lor conquest
demourent [14] a lor [15] anfanz, [16] qui demeurent par aven-
ture petit [16] après la mort lor [17] peres [18].

67. Li vaillant jone qui [1] a bien [1] béent et [2] a conquerre,
redoivent volantiers savoir et avoir en remenbrance .I.
respons que Alixandres dist [3] a son pere. Il avint [4] que
[5] li rois [5] Phelipes, li [6] peres [7] Alixandre, fu mout crueus
et orguilleus [8] et eschars [8], et vost toz jors avoir le
servise de ses genz [9] par fierté et par seignorie, sanz bien-
fait et sanz largesce. Il avoit a voisin .I. fort roi qui
avoit a nom [10] Nicholas ; cil avoit si [11] sozmis le roi
Phelipe que, chascun an, li randoit [12] mout [13] grant treu.
Seur ce, avint que [14] Alixandres fu d'aage [15], chevaliers
preuz et hardiz et larges seur touz homes. Adonques
avint que li mesage dou [16] roy Nicolas vindrent querre [17]

g. d. manque dans E ; A B C ajoutent i — 8 D ajoute cil — 9 et
sanz targier..... auoir qui manque dans C — 10 B ajoute aucum ; D
ajoute faire — 11-11 B deiuent crier aus armes et se deiuent pener
et traueillier douneur et dauoir ; E se d. t. pour honour — 12 E et
— 13 dont il puissent..... lor eritage manque dans B — 14 C de
mort — 15 C ajoute petiz — 16-16 B qui dem. petiz si deiuent ; C
sil desuient ; E q. demorent petit — 17 D des — 18 ap. l. m. l. p.
manque dans E

67.— 1-1, 2 manquent dans B C E — 3 C D E fist — 4 B ajoute
jadis — 5-5 manque dans C — 6 B qui fu — 7 D ajoute a — 8-8
manque dans A ; D ajoute et fiers — 9 B homes ; E serjans — 10 C
D E qui estoit apelez — 11 E ajoute bien — 12 B rendroit — 13 B
C E .I. — 14 E ajoute li rois — 15 E ajoute et — 16 E le — 17 B

le treu [18]. Alixandres en ot mout [19] grant [20] desdaig, et dist [21] qu'il meïsmes li porteroit [22] et paieroit, si comme il afferoit [22].

68. Et maintenant assambla touz les bachelers [1] et tous les bons chevaliers [2] qu'il pot trover; si ala sor [3] le roi Nicholas [4], et se combati a lui et le vainqui, et gaaigna quanqu'il avoit, mueble et eritage [5]. Et dès iqui [6] ala avant conquerant, et tout [7] quanqu'il pooit gaaignier et conquerre anterinement [8], donoit si largement que riens ne l'an demoroit. Ses peres [9] l'oï dire, si li manda [9] letres don la tenor en [10] fu tele :

69. « Biaus filz, [1] il m'est avis que [1] tu ne viaus mie que tes genz te taignent [2] por roi ne [2] por seignor, mais por prevost; car rois et signor [3] doit estre [4] serviz par seignorie et par fierté, et prevos doit avoir [5] servise [6] por doner, et doit porchacier [7] amis por ce qu'il est [8] balliz; se il avient que on [9] le praigne, que [10] li ami li aident a delivrer, et se on le reant, [11] que il li aident [11] a sa raençon. »

quarre — 18 Seur ce auint..... querre le treu *manque dans A D* — 19 *manque dans B C* — 20 *manque dans C* — 21 *D* si dit a son pere — 22-22 *B* et le paieret ainsin con il deuoit et a lui asferoit; *C* roi nicholas; *D* et renderoit au roy nicolas son treuage si c. il a.

68. — 1 *D* cheualiers — 2 *B ajoute* darmes; *D* cheuaucheeurs bachelers — 3 *B* sus — 4 Et maintenant..... roi nicholas *manque dans C* — 5 et gaaigna..... eritage *manque dans B* — 6 *B* Et dileuc; *E* Denqui — 7 *D* trestout — 8 *manque dans E* — 9-9 *C* li enuoia vnes; *E ajoute* par — 10 *manque dans E*

69. — 1-1 *manque dans D* — 2-2 *manque dans C*; *E* p. r. et — 3 *A D* sires — 4 *B ajoute* honnourez et; *E* doiuent e. — 5 *C* estre — 6 *C* seruiz — 7 *E* auoir — 8 *A D* soit — 9 *B* sen seigneur — 10 *manque dans A D* — 11-11 *A* que lan li aist

70. Alixandres li respondi a ce : « Sire, je ain [1] miaus avoir meniere de prevost, de tant come monte a largesce, et par ce conquerre, que avoir meniere de roi ou de seignor cruel et [2] eschars, et par [3] ce estre [4] au desouz [5] de mes anemis, et randant [6] treuage [7] comme serf. Et sachiez, sire, que je bée [8] a tout conquerre, se Dieu plest, et tout [9] doner si largement que ja riens n'an demorra a moi que la seignorie et l'onor [10] tant seulement, et en moi ne vueil [11] qu'il ait escharseté que une : ce est de retenir a moi proprement l'onor et l'amor de mes genz [12] et de touz mes serveors; et por ce avrai [13] la seignorie dou monde; et tout quanque je porrai conquerre et avoir, je le donrai a celz par cui je le conquerrai. »

71. Et ainsis [1] doivent faire [2] li riche large [3] qui vuelent [4] avoir [5] les cuers de lor serveors [6], en remambrance d'un [7] dit que [8] uns [9] rois de Jherusalem dist a .i. sien riche [10] home, qui refusa .i. don que li rois li donoit [11], disant : « Sire, vos me donez trop, donez as autres. » Li rois li respondi : « Prenez [12] mon don, car a moi [13] samble que de noviau don [14] [vient] novele amor [15] ou [16] novele remembrance d'amor [15]. » Et einsis doit il estre.

---

70. — 1 A D doi — 2 A B ou — 3 B de — 4 A serai — 5 A au desor — 6 A randront; C randre — 7 A C treusage — 8 A be — 9 D ajoute a — 10 E q. ja r. ne men demorrat q. lo. et la s. — 11 C et honors ne viaut; E ajoute je — 12 A de ma gent — 13 E ajoute toute

71. — 1 C D ajoutent le — 2 E estre — 3 B les riches homes larges — 4 C ajoute conquerre et — 5 B tenir — 6 C E ajoutent et auoir — 7 B len; C E .I.; D on — 8 D ajoute on trueue lisant que — 9 C li — 10 manque dans B — 11 D voloit donner; E donna — 12 D prendez — 13 C car amors — 14 E q. de nouel de — 15-15 manque dans E — 16 D et de

72. Vos avez oï la meniere dou conquest des genz d'armes; et toutes les [1] autres genz, de quelque mestier [2] que il soient, se doivent traveillier en lor jovent de conquerre les biens temporés, si qu'il en puissent joïr [3] tant comme·il vivront [4]. Par les raisons desus dites, trop est granz perilz [5] d'estre pereceus, et plus en jovent qu'en autre tens; haut home et riche [6] qui sont [6] pereceus, en doivent perdre [7] terre et honor; li povres hom [8] en doit honteusement [9] morir de fain et de mesaise.

73. Li jovenz est comparez et afigurez [1] a l'esté, car ausis comme il i a .IIII. tens [2] en droit aage d'ome, ausis a il .IIII. tens [2] et saisons en l'an. Li premiers est li printens de [3] Pascor [4]; li secons est estez, li tiers est rewains [5], li quarz est yver. Li printemps de Pascour [6] seürsenble [7] a enfance, et estez a jouvent, et rewains [8] au moyen aage, et [9] yvers a [10] viellesce. Rainablement puet [11] on deviser et monstrer comment et pour [12] quoi chascuns [13] des .IIII. tens d'aage d'ome sorsamble [14] la saison [15] de [16] l'an a cui [17] il est comparé et affiguré, si comme il est desus moti [18]; mès por ce que longue riote [19] seroit, li contes tient sa droite voie, et dira [20] de quoi [21] jovenz [22] resamble a esté [23]; por ce, li jone se [24]

---

72. — 1 *C* et de totes — 2 *B* de quieuque leu; *E* de quel m. — 3 *manque dans C* — 4 *E* viuent et — 5 *B C E* mauueistie — 6-6 *manque dans B C D* — 7 *E* peresous haus hom ou riches on doit p. — 8 *manque dans E* — 9 *manque dans C*

73. — 1 *A D* amesurez — 2-2 *manque dans B E* — 3 *B* en; *D* dou tans — 4 *C* pasques — 5 *B* eutonnes ou regaim; *E* gayns — 6 *C* pasques — 7 *E* est sorsembleis — 8 *B* regaim; *E* gayns; li quarz est..... et regains *manque dans A D* — 9 *D ajoute* li quars — 10 *D* en — 11 *A D* doit — 12 *manque dans A; C E* de — 13 *D ajoute* homs — 14 *E ajoute* a — 15 *A D* raison — 16 *A D* a — 17 *B C E* quoi — 18 *B* note; *C* escrit; *D* deuises; *E* dit — 19 *C* note — 20 *D* dirai — 21 *D* des quars — 22 *D ajoute* qui — 23 *A* estre — 24 *manque dans A D* — 25 *D* pour ce que li

doivent prendre [25] a faire bien [26] en jovant [27] ce que [27] l'an
fait en esté.

74. Vos savez que en esté soie [1] on le blés, et bat et
vanne, et estuie [2], por avoir son vivre tout l'an, et [3] tout
le plus [3] dou fruit [4] et des biens [4] de la terre [5] quieut on
et estuie [5] en esté, partie por mangier [6] et partie por les
autres besoignes que les genz ont [7] ; et de ce [8] que l'an
assamble en esté et garde [8], doit on vivre en [9] yver.
Nès [10] li fremiz porchace son vivre en esté, et met le
grain en son pertuis por avoir en [11] yver. En esté, fait
grant [12] chaut, et li jor sont mout [13] lonc : por le chaut,
[14] puet on faire [14] servise a po de robe, et por la lon-
gueur [15] des jors [15] doit estre li servises granz [16] ; ausis [17]
est de jovent.

75. Se li jones [1] est povrement vestuz, ou il [2] a po dou
sien, toute voies est il fors et delivres et chaus de nature ;
et jovanz dure longuement a çaus qui sont [3] en senté. Si
se doivent travillier viguereusement [4] de toute lor force
a [5] conquerre les biens temporeus, et laborer de quelque
mestier [6] qu'il soient [7], por avoir [8] lor vivre en viellesce,
por aus et por lor hoirs [9] et por çaus qui les servent [10].

josne prennent garde — 26 *manque dans* A B D — 27-27 C si
com ; E ce con
74. — 1 A soi — 2 B estoie ; E estoie on — 3-3 *manque dans*
A ; D et de touz les plus — 4-4 *manque dans* B — 5-5 A quant
on estuie ; B que aoust charge en estoien ; C que on estuie ; D
quant on les estuie — 6 D *ajoute* en yuer — 7 D *ajoute* affaire —
8-8 D con espargne en este — 9 B tout l — 10 B Mes ; C Car —
11 C por passer l ; E s. v. en lestei pour auoir sa sostenance en —
12 C mout — 13 *manque dans* C E — 14 C fait on — 15-15 *man-*
*que dans* C — 16 *manque dans* C ; E lons et grans — 17 B D ansin
75. — 1 D *ajoute* homes — 2 C se il ; E cil — 3 B viuent —
4 B C *ajoutent* et longuement — 5 A D et ; E pour — 6 C *ajoute*
que ce soit et — 7 D de q. q. m. que ce soit — 8 D q. ce s. tant
quil saichent porquerre — 9 A D homes — 10 D et por lor ser-

Car viellesce [11] vaut pis que yvers a toute sa froidure [12] : povres viaus est haïz et mal [13] serviz et blasmez et mesprisiez de ce qu'il ne se porchaça en jovant, et plusor en ont esté mort de mesaise qui vesquissent plus [14], se ce ne fust.

76. Vos avez oï les profiz [1] et les honors [1] que li [2] cors des [2] jones ont [3], en aus traveillier [4] de bien faire [5] en jovent [5] por aus [6] et por les leur [6]; droiz est que vos oez le profit que lor ames [7] i [8] ont. Quant li chevalier et les autres genz d'armes [9] ostoient [10] [11] et sont es besoigs [11], il doutent [12] plus [13] Nostre Seignor, et ont plus grant [14] paor de mort que il n'ont quant il sont en lor osteus as festes, ou en terre de pais; et quant il sont bien traveillié d'armes pörter ou d'autres travaus, il ont moins volanté et pooir de pechier, et mains d'aaise [15] et de loisir [15]. Ainsis est il des genz de mestier [16], et de toute autre gent qui travaillent : quant il sont bien traveillié [17], il pechent mains ou noiant. Et puisque travaus de jovant est honorables [18] as cors et as ames [19], chascuns le doit volantiers faire regnablement, et qui nel [20] fait, sachiez [21] que par [22] mauvistié demeure ; et mauveis vaut pis que noianz, car mauveis [23] vit honteusement [24] et a reproche [24]; et noianz n'est riens.

ueurs — 11 *D* yuresse — 12 *A* a t. sa force ; *D* a touz — 13 *C E* pou — 14 plus *manque dans B*

76. — 1-1 *manque dans C* — 2-2 *manque dans B C* — 3 *D ajoute* euz — 4 *C ajoute* et les honors — 5-5 *manque dans A B D* — 6-6 *manque dans A ; D E* et p. l. hoirs — 7 *D* amis ; *E* q. les a. — 8 *B D* en — 9 *B C ajoutent* errent et — 10 *A B D E* estoient ; *C* jostent — 11-11 *manque dans C* — 12 *B* deiuent — 13 *B ajoute* amer — 14 *D ajoute* peril de mort et plus grant — 15-15 *manque dans A D* — 16 *A* mer — 17 *A D ajoutent* darmes — 18 *B* profitable ; *E* bons — 19 *C* et es aumes — 20 *C D* ne le — 21 *E* saiche — 22 *A C E* por — 23 *D ajoute* homs — 24-24 *manque dans B*

77. Et por ce que li feux de luxure est de tout [1] alumez en jovant, se la grace dou Saint Esperit ne s'estent [2] en aucuns qui gardent la [3] virginité ou soient abstinent [4], por doute de pechié, en religion ou au siecle, li autre jone se doivent [5] marier au plus tost qu'il porront, puis qu'il sont home parfait. Car juste chose est et bone de loial [6] mariage, et laiz pechiez et [7] perilleus au cors et a l'ame est [8] fornicacions et plus avoutere [9].

78. Et tout [1] soit [2] ce que li liens de mariage [3] est morteus bataille, ou covient morir l'un des .ii., ainz que loiaument departent dou champ, toute voies en vient li grignor biens [4] et la grignor joie [5] que l'an ait au siecle; et mout d'anui [6] en avint ausis [7], mais [8] li bien passent les maus. Et se mariages n'estoit [9], li siecles [10] faudroit, ou toutes les genz [11] vivroient [12] en pechié.

79. De mariage viennent li [1] bel anfant [2] et li loial, [3] dont li bon [3] pueent venir a granz choses et a hautes [4] dignetés [5]. Et de maux en i a [6]; mais por les maus [7] ne doit [8] demorer que l'an n'ait fame espousée por avoir

77. — 1 *C* e. toz jors — 2 *C* ne li oste — 3 *E* en a. de gardeir — 4 *A D* hastiuement — 5 *B C ajoutent* voulentiers; *E ajoute* mout volentiers — 6 *B* b. que des loiaus; *E* c. j. c. et bonne est loiaus — 7 *manque dans E* — 8 *manque dans E* — 9 *D* aouutire; *E* auoltire; et laiz p......... plus auoutere *manque dans B*

78. — 1 *D* ja — 2 *A B* cest — 3 Et tout..... de mariage *manque dans B* — 4 *E* en vinent li grant bien — 5 *C* la grignor honor; *E* li grignors joies — 6 *C* de mal — 7 *E* en vinent auec — 8 *manque dans E* — 9 *B* ne fussent — 10 *E* biens — 11 *D* ou li mondes — 12 *B* mourroient — *La plus grande partie de ce paragraphe 78 ne se trouve pas dans D, par suite de l'enlèvement d'une lettre majuscule, qui a fait disparaître l'extrémité des six premières lignes du ms.*

79. — 1 De mar. v. li *manque dans D (suite de la lacune précédente)* — 2 *D ajoute* et li legier — 3-3 *B* d. les hons; *C* dont li; *E* et — 4 *B* haute; *B ajoute* honneur de — 5 *manque dans A* — 6 *E* Et des m. i a mout — 7 *C* m. por ce — 8 *B ajoute* len; *C ajoute*

hoirs [9] [10] qui puet [10] ; car por les hoirs [11], qui ont les sor-
nons dou pere, [12] dure [13] en cest siecle plus [12] longue-
ment [14] la memoire [15] de lui [16] et de ces ancestres.

80. Une des plus granz richesces que l'an [1] puist con-
querre [2] en si po de tens, si est de fame espouser, a cui
Dieus a doné grace de bone fame [3] avoir, et des bons an-
fanz engendrer [4]; car dedanz .1. an puet ele porter [5] tel
anfant [6], dont li peres ne vorroit avoir en eschange la
grignor [7] richesce dou monde. Et puis que li peres
l'aimme tant qu'il avroit [8] despit de panre en eschange
nule richesce por l'anfant, autant [9] vaut [10] a l'aise de son
cuer [11] et a sa volante acomplir [12] comme la richece fe-
roit, [13] et tant plus comme il en [14] refuseroit [13].

81. Et moralitez dit que la plus courte voie a richesce
conquerre, si est de richesce despire, et sanz faille ce
puet avenir en .II. menieres, l'une [1] por le cors, l'autre
por l'ame. Cele dou cors si est quant l'an aimme tant [2]
une [3] chose novelement conquise, si [4] comme [5] il est
dit [5] de l'anfant, que [6] l'an mesprise toutes les autres an-
contre cele, por sa [7] volanté acomplir.

82. Et [1] cele de l'ame avient, quant [2] li bons crestiens,
de [3] religion ou en siecle, despit et mesprise toutes les

mie; D puet — 9 D f. e. par amours — 10-10 manque dans C —
11 qui puet... les hoirs manque dans B — 12-12 B qui deiuent
durer en ces bon estat et — 13 E demore — 14 D legierement; B
ajoute et auoir le — 15 C meniere — 16 B deus; E daus
80. — 1 C q. mult hom — 2 D ajoute en cest siecle — 3 man-
que dans C — 4 D auoir et garder — 5 B auoir — 6 t. a. manque
dans C — 7 E d. li p. ne panroit en eschange toute la — 8 D ajoute
en; E dont auroit il — 9 C atretant — 10 C ajoute il — 11 D cors
— 12 manque dans B — 13-13 manque dans B — 14 E la
81. — 1 B ajoute si est — 2 manque dans C — 3 B C E aucune —
4 A et; manque dans D — 5 manque dans D — 6 D com — 7 A D la
82. — 1 D De — 2 A D que; E aucunes fois que — 3 B est en;

richesces dou siecle [4], por Dieu servir et por s'ame sau-
ver. Et de [5] ce, est il plus riches que s'il avoit tot [6] l'a-
voir [7] dou monde; et ła est ce que dit moralitez : que [8]
plus courtement [9] ne porroit on richesces conquerre,
[10] que par eles despire [10]; car en une toute [11] seule heure
de repentance et de veraie confession ou [12] droite en-
tencion de penance [13] fere, conquiert on si [14] grant [15] ri-
chesce comme est li sauvemanz de l'ame en [16] vie pardu-
rable [17].

83. Li jone anfant as [1] riches [2] borjois [3] sont trop [4] a
eise, et por ce pechent il legierement en [5] luxure et
d'autres [6] pechiez de [7] force et [8] d'outrage [9] a lor povres
voisins, et plus [10] es viles, ou [10] chevalier ne repairent,
que la [11] ou chevalier [12] repairent [13]; tost lor [14] en puet
mesavenir [15]. Et sovant est mesavenu [16] que [17] li seignor
des leus [18] les [19] an raimbent [20], et plusor en ont esté
[21] honi et [21] jostisié de lor cors por les outrages qu'il fai-
soient.

84. Lor pere ou lor ami [1] lor doivent apanre [1] mes-

E en — 4 B l. r. terriennes; D E d. monde — 5 B pour — 6 B
toutes; D trestout — 7 B les richesces — 8 A C D E car — 9 D
cointement — 10-10 A ne eles despire; B C que despire les; E
que pour despire la — 11 manque dans B C — 12 B a — 13 C pe-
nitence — 14 B C E ajoutent tres — 15 C ajoute grace et — 16 D
et — 17 D ajoute amen
   83. — 1 E fil — 2 manque dans A D — 3 C homes — 4 B
mout — 5 B mout souent en; C trop souent en; E p. souent de
— 6 B C ajoutent menieres de — 7 B et font; E et de — 8 man-
que dans B — 9 D auoutire — 10-10 B aus vileins que aus —
11 A ja — 12 B C D E il — 13 B sont; C ajoute que — 14 E les
— 15 tost..... mesauenir manque dans D — 16 B D auenu — 17
C car — 18 D li serjant de liex — 19 manque dans E — 20 B
raenment — 21-21 B E puniz et; manque dans C
   84. — 1-1 B leur aprandent auscun; C l. d. a. aucun; D les
doiuent justicier et aprendre a; E l. d. a. aucun — 2 manque dans

tier, et aus [2] ansaignier destroitement [3] qu'il entendent a lor besoignes. Il doivent estre marié au [4] plus tost [5] que l'an puet [5], en greignor jovente que les genz d'armes ne li laboureur qui [6] travaillent; [7] li fais des [7] fames espousées lor acorse [8] mout les sens.

85. Li jone clerc, teus i a [1], sont en mout perilleus estat de pechier et de metre et de despandre [2] en mal [2] les biens temporeus qu'il ont por servir Nostre Seignor especiaument, mais lor [3] sage prelat les en [4] sevent mout [5] bien chastier [6] et punir [6], quant leus [7] est, se il vuelent. Et cil qui ce fist [8] ne vost deviser nule meniere de pechié de clerc, porce qu'il estoit bons [9] lais, et a lui n'apartenoit [10] pas [11], mais aus prelaz. Et ainsis des [12] genz de religion quel qui soient, [13] jone ou autre [13], clerc ou lai, homes ou fames, bon ou mauveis, ne [14] dit riens li compes, por ce que li ansaignement d'aus et li amandement [15] de lor fautes apartienent [16] a lor soverains [17] et as [17] commandemanz de Sainte Eglise. Et Dieus par sa misericorde lor [18] doint sa grace et [19] a çaus qui les [20] ont a [20] governer [21].

86. Vos avez oï parler des [1] jones homes; après orreiz des [1] jones [2] fames qui sont en mout grant peril en lor

C; E lor — 3 B droitemant; D ajoute si — 4 manque dans B — 5-5 B et — 6 A quil — 7-7 A D les — 8 B acuet; C acorte; D acource

85. Ce paragraphe manque en entier dans D. — 1 B ajoute qui — 2-2 manque dans A — 3 C li — 4 E ensaingnent et les — 5 manque dans B C E — 6-6 manque dans B — 7 B li aus; E ajoute en — 8 E qui fist cest compe — 9 manque dans C — 10 A C nateignoit — 11 manque dans A — 12 A C E les — 13-13 manque dans E — 14 E nen — 15 B E amendes; C esmandes — 16 A aparurent — 17-17 B soulonc les — 18 manque dans B — 19 manque dans B; E l. d. sagece — 20-20 B C E deiuent — 21 E garder

86. — 1-1 manque dans A D; jones manque dans C — 2 man-

jovant, car ele n'ont mie si estable [3] sens ne si bon por-
posement comme ont li home. Ja soit ce que assez en i
a [4] de bones par la grace de Nostre Seignor, toute voie
ont eles grant [5] mestier de l'aïde [6] a çaus [6] en cui garde
eles sont, soient pere ou parant [7], ou mari ou autre.
Car se on [8] les garde bien, qu'eles ne [9] soient requises
[10] de folie [10] ou trovées en fol lieu [11] ou en aise de mes-
fere, legiere [12] chose est a savoir que por bones [13] pueent
passer [14]; car chastiaus qui n'est assailliz [15] ne traïz ne
affamez [15], ne sera ja pris [16] par raison.

87. Et une autre grant [1] aïe [2] lor pueent faire cil
qui les ont en pooir, et plus especiaument li mari : ce
est que on lor doigne honoréement [3] et covenablement
lor vivre et lor estovoir, chascuns [4] selonc lor pooir [5], si
que eles n'aient achoison de malfere por soffraite [6],
et que li [7] mari les [8] aimment et honorent par rai-
son, porce qu'eles ne truisent [9] achoison [10] de mal
fere [11].

88. Et [1] trop grant samblant d'amor [2] ne pooir [2] ne
doivent eles avoir de lor mari ne d'autre qui les ait en
garde, por ce que [3] orguiaus ne s'i mete, et que baudor
ne lor face mal faire. Car aises et mesaise font larron

que dans *C D* — 3 *C* establi — 4 *C* Ja soit que il en i ait assez —
5 *manque dans B C; E* bon — 6-6 *B E* de ceus; *C* celui — 7 *B*
mere — 8 *D ajoute* ne — 9 *manque dans D* — 10-10 *manque
dans B C E* — 11 *A D* folie — 12 *B C* legierement — 13 chose
est a ..... bones *manque dans B C* — 14 *B C ajoutent* pour bones
— 15-15 *D* miex se tient ne fame — 16 *D* prise
87. — 1 *C* graent — 2 *D* haine — 3 *D* honestement; *E*
honorablement — 4 *manque dans B C E* — 5 *E ajoute* et lor
estouoir — 6 por souffraite *manque dans A C; B* par s. — 7 *D* lor
— 8 *A* le — 9 *E ajoute* pour despit — 10 *D ajoute* por poor — 11
et que li mari..... de mal fere *manque dans B C*
88. — 1 *C* Ne de — 2-2 *manque dans B C* — 3 *B* pour doute q.

aucune foiz, et quel que [4] soit li contenemenz de ceus [5] en cui pooir [6] eles sont [7], eles se doivent mout garder de folie faire de [8] lor cors; car ja [9] por chose [10] que on lor face ne remaindra, se eles en [11] sont escriées [12] ou ataintes, que eles n'an [13] soient honies [14] a touz jors.

89. Tieus est la meniere et li usages des fames qui font folie et vilenies [1] de lor cors. Autrement est des homes : car, comment qu'il soit [2] dou pechié [2], il ont une grant vainne gloire, quant l'an [3] dit ou seit que il ont beles amies [4], [5] ou jones, ou [5] riches. Li lignages des homes n'i a point de honte [6], et les fames honissent et avilenissent eles meïsmes et tout lor lignage ensemble [7], quant eles sont [8] a droit [8] blasmées ou reprinses de tel fait.

90. Ansis se doivent jones fames garder [1] de fol samblant et de fole contenance; car [2] de fol samblant [2] vient [3] après [4] plus [5] legierement l'uevre par l'une partie ou par l'autre. Et se li faiz n'i est, si [6] le [7] dit on; et par le dit [8] est creü [9], et vaut [10] près d'autant [10] comme li faiz. Mout sont fames avilenies, quant eles sont blasmées, et plus quant eles mesfont [11].

---

— 4 *D* et comment que — 5 *A D* celes — 6 *C* garde — 7 *E* de ceus qui les gardent — 8 *A* por; *D* par — 9 *manque dans D* — 10 *B* mesfeit — 11 *manque dans E* — 12 *C D E* criees — 13 *E* ne — 14 *D* escriees

89. — 1. *D* q. sont foles et vilaines — 2-2 *manque dans E* — 3 *B* quar lan; *D* q. on lor; *E* q. on — 4 *B* amieus — 5-5 *B* et — 6 *E* ni a nule h. — 7 *A* meismes; *D* ausinc — 8-8 *manque dans C*

90. — 1 *B ajoute* de fol feit et; *D ajoute* sor toutes riens — 2-2 *manque dans D*; *A ajoute* et de fole contenance — 3 *D* apres envient plus leg.... — 4 *manque dans C E* — 5 *manque dans B C* — 6 *A B C* se — 7 *A* lou — 8 *D* fait — 9 *D ajoute* ou por le dit — 10-10 *B* apres autant; *D* presque autretant; *E* pres autant — 11 Mout sont f... q. e. mesfont *manque dans D*; *E* se mesfont

91. Grant honte doivent avoir, quant on les monstre partout [1] au doi; et quant ele viennent en assamblée [2] [3] de gent [3] a feste ou a noces ou aillors [4], et les genz rient [5] et consoillent, adès doivent cuidier que ce soit por eles; et si est il [6] sovant. Mal s'escusent quant eles dient : « J'ai ce fait, [7] porce que [7] on me fist tel chose. » Par Dieu, por autrui mesfet ne doit on [8] mesfaire; car [9] chacuns est jugiez por son mesfait, [10] et non pas [10] por l'autrui.

92. Lor [1] mari et lor [2] autre ami [3], qui ont jones [4] fames en lor pooir et en lor seignorie, ne les [5] doivent mie assener [6] de lor vivre ne de lor autres estouvoirs [7] a fous ribaus, bailliz [8] ne a autres foles [9] genz qui lor en [10] facent [11] dongier, ne qui les taigne en vilainne subjection [12]; car maintes foies [13] en est maus avenuz, et [14] honte en [14] puet avenir.

93. Et un grant confort i a ou [1] fait des fames que [2] Dieus, qui est omnipotens, misericors et piteus, et voit et seit que il ne lor a mie doné [3] si fort estable [3] porposement et [4] sens qu'eles se [5] sachent si garder [6] et governer [6] en jovant et [7] en autre tens, comme li plus des homes, si lor a esté si larges [8] de la grace dou Saint Esperit, que maintes en a gardées et sauvées en virginité, et autres

91. — 1 *manque dans* D — 2 A assemble — 3-3 *manque dans* D — 4 B C austre part — 5 C dieent — 6 E ce bien — 7-7 D pour ce li — 8 B len mie — 9 C que — 10-10 B et non mie; D et noient; E et non

92. — 1 E Li — 2 E li — 3 B genz — 4 *manque dans* B — 5 A lor — 6 E assenir — 7 *La fin du § à partir d'ici manque dans* E — 8 B ballier — 9 D poures — 10 *manque dans* B C D — 11 B C *ajoutent* vilein — 12 C susception — 13 A *ajoute* auient que il — 14-14 *manque dans* B

93. — 1 A D dou — 2 B quar — 3-3 C et establi; D si f. ne si e.; E si f. et e. — 4 E de — 5 *manque dans* A — 6-6 *manque dans* A D — 7 B E ne — 8 C *ajoute* et si cortois — 9 D absti-

en contenance [9] et en chasteé, et plusors en loial ma-
riage; si que maintes [10] en sont saintefiées, et seront [11],
se Dieu plest, plusors; et assez en i a sauvées [12] et avra [12],
qui sont et seront en repos pardurable [13].

94. Or laisse li contes a parler de jovant, et se prant
a [1] moien aage, qui est li plus atemprez [2] et li meillors [2]
de tous les .iiii. tens [3] d'aage [3], a celz et a celes qui par
la grace Nostre Seignor [4] en sevent et pueent user [4] reis-
nablement selonc Dieu et selonc [5] droit [6] de [5] nature [6].

### III

95. En moien aage doit en estre quenoissanz [1]
et amesurez et [2] resnables [3] et [4] soutis, fermes [5] et es-
tables en la veraie creance de Nostre Seignor Jhesucrit,
sages et porveanz [6] a l'onor et au profit dou cors et [7]
de l'ame [8] de lui et des siens, et de touz çaus qu'il a a
governer et a servir en foi, se il croire l'an vuelent [8].
Et riches doit on estre [9] qui puet [9], ainz que on vaigne [10]
en villesce; et qui les choses desus nomées ne [11] conquiert

nence — 10 *A D ajoutent* foiz — 11 *D ajoute* encore — 12-12
*manque dans A D* — 13 plusors et ....... pardurable *manque
dans C*

94. — 1 *B* et parlera dou — 2-2 *manque dans B; C* et li miau-
dres — 3-3 *manque dans E* — 4-4 *A* en siuent et p. vser; *B* en
seuent euurer; *D* en siuent et p. vser — 5-5 *manque dans D* — 6-6
*manque dans C; E* natureil — *Le ms. D présente une longue la-
cune du § 95 au § 221 inclus*

95. — 1 *A ajoute* et atemprez — 2 *manque dans C* — 3 *B C*
resnablement — 4 *B* estre — 5 *A* affermez — 6 *A* porueuz —
7 *C* a lo honor d. c. et au profit — 8-8 *manque dans E* — 9-9
*manque dans C; E* son p. — 10 *C* soit — 11-11 *manque dans C;*

ou [11] porchace [12] en aucune meniere [12] ou tens devant dit, a poines les avra jamais [13], se ce n'est [14] de l'especial grace de Dieu.

96. Premierement doit on quenoistre soi meïsmes, et se doit on amesurer et retraire des folies [1] que l'an a fait en jovant, et doit on rainablement et volantiers amander [2] ses mesfaiz a Dieu et au siecle, et porsiurre [3] et perseverer [3] en amandement [4], sanz rancheoir [5] en [6] mesfait [7].

97. Et afferme et estable en la veraie creance [1] est l'an, quant l'an fait les oevres qui afierent a [2] la creance de [2] çaus qui bien croient en Dieu [3]. Et l'an les doit [4] faire, qui n'est fous et desesperez; car chascuns et chascune qui tant a vescu qu'il eschape [5] de l'escalufrement de jovant, se doit [6] quenoistre et repantir vraicment, et estre verais [7] confès et faire penitances et orisons et aumosnes, et mander [8] avant son tresor en l'isle; si le trovera a son besoig, quant il perdra le regne [9] terrien.

98. L'an dit qu'il avint jadis [1] en .i. roiaume que l'an i [2] faisoit chascun an .i. roi, et, au chief de l'an, [3] perdoit tout et [3] estoit desposez [4]; et le mandoit [5] on hastivement [6] en .i. isle sauvage en essil, ou il n'avoit [7] riens née [8] qui fust bone; la moroit a honte. Une foiz [9] firent

E pourquiert ou — 12-12 C de sus — 13 A mes — 14 B se il ne les a

96. — 1 B foliens — 2 C esmender — 3-3 manque dans E — 4 C esmandement — 5 B rechoier — 6 A B ou — 7 B mesfeir

97. — 1 B ajoute nostre seigneur — 2-2 manque dans E — 3 en manque dans E ; en dieu manque dans A C — 4 A le d.; C l. d. bien — 5 B est eschaspez — 6 A E ajoutent on — 7 manque dans B C — 8 C anuoier; E amendeir — 9 B reaume

98. — 1 A ja — 2 manque dans C — 3-3 manque dans C — 4 B estoit d. et p. tout — 5 C et lenuooit; E et lenmenoit — 6 E chaitiuement — 7 C ajoute nule — 8 manque dans E —

.I. roi qui fu sages; [10] si enquist et demanda et sot [10] le voir [11] de l'an et [11] de l'isle; si se porvit sagement, et manda [12] son tresor avant en l'isle [13] et tant de bones choses que il i fut a grant honor et a grant aise, quant il i [14] fu mandez [15]; et la vesqui pardurablement a trop grignor honor [16] que il n'avoit vesqu [17] ou premier regne [18].

99. L'an doit savoir que li premiers regnes [1] si est cest [2] siecles, et l'isle sauvage li autres; et li fol roi qui folement [3] se partent dou siecle [4] au chief de l'an, et n'ont riens mandé [5] de lor tresor avant en l'isle, sont cil qui ont folement vesqu [6] en pechié sanz amandement, sanz orisons et sanz aumosnes; et quant il muerent [7], il ne [8] lor samble que lor vie, ja si longue n'avra esté, soit de [9] la longueur d'un an, [10] nez d'un jour [10].

100. [1] Li sages rois qui manda [2] son tresor avant [3] en [2] l'isle, et [4] vesqui pardurablement et [5] a honeur, si est chascuns et chascune qui se porvoit sagement en jeünes et en orisons, et en aumosnes [6] doner as povres [7], après ce qu'il est veraiz [8] repentanz [9] et confès [9]. Ces [10] .IIII. choses sont li tresors que l'an doit mander [11] avant [12],

9 *C ajoute* auint quil — 10-10 *C* qui enquist tot — 11-11 *manque dans A* — 12 *C E* enuoia — 13 *B* et m. dedanz lan en lisle son tresour — 14 *manque dans A B* — 15 *C* enuoiez — 16 *A* a mout grant h. plus; *B* a trop plus grant h.; *C* a grinor h. — 17 *B* deuant feit ne eue; *C* este; *E* eu — 18 *B* reiaume

99. — 1 *B* riaume; *manque dans A E* — 2 *A* li — 3 *A* felenessement — 4 *B* riaume — 5 *C* enuoie — 6 *B ajoute* en ces siegle — 7 *C* morront — 8 *manque dans C* — 9 *C* en — 10-10 *manque dans A; B refait la phrase* il ne leur senble quil aient vescu que .I. an que ja si longue naura este leur vie que ele soit plus de longueur dun an ne dun jour

100. — 1 *C ajoute* Mais — 2-2 *C* enuoia auant soi son tresor en — 3 auant *manque dans A* — 4 *E ajoute* i — 5 et *manque dans E; A* pard. iluec et mout — 6 *C ajoute* a — 7 *B ajoute* genz — 8 *manque dans B* — 9-9 *manque dans C* — 10 *C* Et toutes ces —

car [13] tout ce vient devant Dieu en paradis ; et quant on
i [14] parvient, si vit on [15] pardurablement en joie pardu-
rable por [16] le tresor qui est venuz [17] avant [18]. Et tout
ce qui est demoré [19] en terre est ausis perdu as
ames[20] de çaus qui n'ont mandé [21] lor tresor avant, si
comme [22] li fol roi [23] perdoient tout ce qu'il [24] lais-
soient, quant il estoient desposé et mandé [25] en essil [26].

101. Porveanz [1] et sages est qui tout avant se porvoit [2]
en tele meniere en cest siecle qui est noianz et cours [3],
mauveis et traveillanz, cusançoneus [4] et angoisseus [5]
de toutes menieres de [6] travaus et d'angoisses [6]. Et après
la courte vie, covient [7] par estovoir que l'an en [8] par-
te [9] et que l'en muire [9], que par raison l'an doie avoir

— 11 *C* enuoier — 12 *E* deuant — 13 *B* quant — 14 *manque dans*
*E* — 15 *B* len i vit — 16 *A* par — 17 *B* mende — 18 *C* deuant
— 19 *A* demonstre — 20 *A* p. a aus des ames ; *B* p. a aus les ames
— 21 *C* pas enuoie — 22 *Et tout ce..... si comme manque dans*
*B* — 23 *C ajoute* faisoient qui — 24 *A* quanquil — 25 *C* enuoie
— 26 *B* lisle ; il est. d. et m. en e. *manque dans E*
101.— 1 *B* Pourueuz — 2 *Porveanz.... se poruoit manque dans E*
— 3 *A C* cors — 4 *A* cusancons ; *B* enuieus — 5 *A* angoisse ;
cus. et ang. *manque dans E* — 6-6 *A* tormanz — 7 *B* couuient
il — 8 *B* sen — 9-9 *manque dans A* ; *E ajoute* et conuient tout
laissier quant que on at aquis — *Le ms. E omet la fin du para-*
*graphe à partir de* que par raison, *et contient le passage suivant*
*qui ne se trouve dans aucun autre ms. :*
Et pour ce dit Nostre Sires en l'esvangile que li san de cest
monde sont soties a Dieu. Car nuns n'est tenus a sages, ce il n'est
riches, et se il ne seit amasseir avoir ; et cil qui est grans amasse-
res et qui mest dou tout sa cusanson a avoir amasser en cest sie-
cle, il est tenus pour sages ; mais il se trovera pour sos, si com
fait aucune fois une beste c'on apelle hyresons. Li hiresons si est
de teile nature que il sent l'odour des pomes et des poires et les
mangue volentiers ; si avient, quant il at fain, que il s'en irat
vers la ou il sant l'odour dou fruit, et entre en .i. jardin
par .i. petit pertuis, et s'en vat desous .i. pomier ou il trueve
des pomes que li vens at abatues ; lors, si se herice et tent ses

vie pardurable en l'autre siecle, si comme il est dit [10] devant; et a cest pooir parfere, doit on avoir grant devocion, et sovant requerre la grace Damedieu [11].

102. [1] Après ce [1], se doit on porveoir et traveillier et porchacier que l'an ait des biens temporés, heritages et richesces, qui les puet avoir loiaument. Car de ce puet on faire aumosnes et bienfaiz, et mander [2] son tresor, [3] si comme il est dit devant. Et en puet on vivre a honor en cest siecle et norrir [4] ses anfanz, et eriter [5] et ai-

pointillons par entour lui, et ce rouelle par desus ces pomes et en charge a ces pointillons un grant mont, et ce remet au chemin pour raler la dont il est venus. Et quant il vient au pertus par ou il est entreis, si boute sa teste dedens et se trait outre; mais, au rissir fors, rechient toutes les pomes ou jardin, et, quant il est fors dou jardin, si se trueve deschargiés; lors si crie, et brait, et se tient pour fol, quant il n'en manja assez; car, quant il cuide raleir, il trueve le pertuis estoupei. Ansi[n]c est il de ceus qui en lor jovent et en lor moien aage mestent toute lor entendue a conquerre terres et heritages, et a poindre de ça et de la sus lor voisins a destre et a senestre, c'est a dire a raison et sans raison, ne ne lor chaut lequeil, mais qu'il aient ce que il vuelent. Et ne pancent mie a ce, quant il vinrent en cest monde, il vinrent par estroite voie ne n'i aportarent riens, et par estroite en riront, et niant en reporteront. Lors si brairont et crieront, et pour fol se tenront, de ce que poul averont mangié et tout averont laissié, ausi com li hiresons, dont j'ai desus parlei, c'est a dire que pou averont mangié, que povrement averont sostenues et peûes lor ames, et pou de biens et d'aumones faites de lor avoirs. Et ont si lor ames afammées que elles, s'en vont par defaute morant a la mort d'anfer, c'est par defaute de charitei, dont elles n'ont pas estei repeûes; car qui vit en charitei en cest siecle, par raison il doit avoir vie pardurable en l'autre siecle, et a ce que on puisse vivre en charitei, doit on a grant devocion et sovant requerre la grace de Nostre Signor. —

10 B ajoute par — 11 C nostre signor

102. — 1-1 E Bien — 2 C E enuoier — 3-3 E auant en paradis cest en lile dont jai deuant parle — 4 C ajoute et hedifier — 5 B ausm. et bienf. et en puet len viure ou sigle a honeur et mourir

dier, et [6] bien faire a son lignage et a ces qui mestier en ont et [7] a ses [7] autres amis et serveors [3] ; et touz les biens que on a d'eschoite [8] et de conquest que l'an a fait en jovant [9], en [10] moien aage les doit on acroistre et porfitier et edifier por miaus valoir. Et se doit on mout [11] garder que l'an nes perde ; car honte et mesaise en porroit [12] avoir [13] en viellesce.

103. Haute chose est [1] grace [2] de senz et de soutil [3] connoissance [4] ; Dieus ne done mie senz a un home por li tant seulemant ; ainz viaut bien [5] que la grace [6] que il [6] li a donée s'estande tout avant a lui et au[s] siens, et après a ses voisins et a touz celz qui a lui vendront por consoil [7] ; car, se Dieus [8] voissist, [9] il poïst bien tel grace doner as autres [9] qu'il n'eüssent ja [10] mestier de celui. Et en ce que li autre [11] viennent a [11] lui por lor besoig, [12] il est honorez [12] de la grace meïsmes [13] que Dieus li a donée [14].

104. Sages doit tout premiers metre conroi [1] en soi [2], que il soit de bone vie et de bele contenance, por doner bel [3] example as autres ; et doit estre cortois et humbles as povres et as riches, et doit soffrir les fous, et [4] contenir

et mender son tresour si come il est dit deuant et esriter ses en- fan — 6 C a — 7-7 A B assez ; C ces — 8 B daschaster — 9 B ajoute et ; C ajoute ou — 10 A ou — 11 manque dans B ; A ajoute haster et — 12 E p. on — 13 C auenir

103. — 1 B ajoute dauoir — 2 manque dans C — 3 A soutif ; B soustiue — 4 C ajoute car — 5 A ajoute tot auant ; E a. auient b. — 6-6 E de dieu — 7 C qui vaurunt a son conseil ; E q. a l. vauront a c. — 8 A E il — 9-9 A il eust bien et poist tel g. d. a. a. ; B il en peust bien tant d. a. a. ; E il donast bien as autres teil grace — 10 manque dans A — 11-11 B on mestier de — 12-12 A et si lannorent — 13 manque dans C — 14 B ajoute dou sen quil a mis en li

104. — 1 A consoil — 2 en soi manque dans C — 3 manque

soi sagement o [5] les sages [6] ; et ne doit mie faire grant [7] samblant de [8] sage antre [9] les fous, et por riens ne doit haster fol de parole ne de fait; car tost l'an porroit mescheoir [10] en dit et en ovre : sovant est avenu.

105. Granz sens est [1] de metre bon [2] conroi en l'ordenement [3] de son ostel et de sa [4] terre, qui l'a. Et çaus qui ont tant a faire de seigneur ou d'autre besoigne qu'il ne pueent aisiéement [5] entendre a leur feit [5], il doivent establir, en leu d'aus, [6] les meillors sergenz qu'il pueent avoir [6] ; et toute voie il [7] i deivent entendre [7] aucune foiz [8]. Car l'an dit que *li oil* [9] *dou seigneur vaut* [10] *fumier* [11] *a* [12] *la terre ;* et bien est voirs; et plus i a encores, quar [13], por la veüe(e) dou seigneur puet on [14] comender a [15] fumer [16] la terre [17], et mieus gaaignier et cueillir les fruiz, que l'an ne feroit se li sires ne la veïst.

106. Sages [1] qui a esté anfes et [2] jones, [3] doit bien savoir norrir et ansaignier ses anfanz ou autres, se il sont en sa garde [4] ; et doit bien savoir [5] conseillier et garnir [6] ses jones [7] amis, et chastoier et reprandre [8], et eus [9] monstrer les granz perilz de jovant. Et raisons est que cil qui sevent le bien [10], l'ansaignent [11], et cil qui les

dans *B ; C* bon ; *E* bons — 4 *A* en — 5 *B E* auec — 6 *A* saches — 7 *A* biau — 8 *B* destre — 9 *B* auec — 10 *C* messerrer

105. — 1 *B ajoute* et bon — 2 *E ajoute* consoil et bon — 3 *C* lornement — 4 *B* la — 5-5 *A* en lor cuer — 6-6 *C* le millor que il porront auoir de por serjant ; *B* d. e.; *E* i doient attendre — 8 *B ajoute* a leur besoignes — 9 *B* q. lonbre; *C* q. li yax ; *E* q. en leuel — 10 *A* voient; *C* voit — 11 *E* fumeroi — 12 *B* en — 13 *E* que — 14 *manque dans B* — 15 *C E* et faire — 16 *E* fumerer — 17 et bien est v..... f la terre *manque dans A*

106. — 1 *A* Sachiez — 2 *manque dans A* — 3 *A ajoute* il — 4 *B C ajoutent* et en sa mestrise — 5 *manque dans E* — 6 *B* garder — 7 *manque dans B; E* poures — 8 *B ajoute* quant leus est — 9 *manque dans E* — 10 *A* qui bien le seuent — 11 *E* lasauisent — 12 *B*

croient font que sage. Les voies poralées [12], ou l'an est
alés [13] sovant et longuement [14] et est on [14] revenuz so-
vant [15], doit on bien savoir.

107. Cil qui ont esté anfant et puis jone, et sont venu
a moien aage doivent bien savoir se il furent bien norri
et ensaignié [1] en anfance et anpris ou non [1]; car, se il le
furent bien [2], ne puet estre qu'il n'aient bien apris, et
qu'il ne [3] lor en soit bien avenu; et se il le furent mau-
veisement, [4] ne puet estre qu'il ne lor en soit mescheü [4]
en dit ou [5] en fait; et assez tost en l'un et [6] en l'autre. Et
en jovant, se Dieus lor [7] dona [8] grace d'aus savoir [9] gar-
der et eschiver [10] ancontre les perils de jovant, bien lor
en [11] est avenu [12]; et se il furent tormanté et mal mené
par les granz perilz et les [13] chaus [14] de jovent, bien lor
en doit sovenir. Et por toutes teus [15] raisons, se doivent
ententivement traveillier de bien norrir lor anfanz et
chastier et reprendre [16] et garnir les juenes [17], et en [18] tou-
tes choses esploitier sagement, si que lor sens soit appa-
ranz.

108. Li trés granz senz verais et parfez [1] est [2] la bone
souche qui jamais ne seche ne ne faut [3], et si a [4] mout

acoustumeis — 13 *A* ou lan a ale; *C* ou en voit; — 14-14 *B* en
est en; *C* et en est lan; *manque dans E* — 15 *manque dans*
*B C*

107. — 1-1 *B* ou non et apres en enfance; *C* et apris ou non en
anfance; *E* en enf. ou non — 2 et 3 *manquent dans B* — 4-4 *B* il
leur en doit estre mesauenuz — 5 *A* et — 6 *B C* ou — 7 en
lun et..... se d. lor *manque dans E* — 8 *A E* done — 9 *B* grace
au moins assauoir — 10 *B* cheuir; *E* eschuir — 11 *manque dans*
*A* — 12 *E* b. l. e. doit sosuenir — 13 *B* pour les periz granz et —
14 *C* enchaucemenz — 15 *B C* ces — 16 *B ajoute* les — 17 et se
il furent t..... et g. les juenes *manque dans E* — 18 *B* l. j. de

108. — 1 *C* Le tres granz et parfait soverain — 2 *E ajoute* de
— 3 *A* q. j. ne sechera ne ne faudra; *C* q. ne soche jemais ne faut;
*E* q. j. ne seche ne taut — 4 *A* et ou il a; *C E* et a — 5 *B ajoute*

de [5] bones branches. Li aubres de sens est et sera [6] toz jors vers et floriz [7], et portant [8] fruit bon et meillor et parfet. Mout i a de gens qui ne pueent cel aubre veoir ne connoistre, ne ja ne tasteront dou fruit. Et tieus i a qui viennent a l'aubre, et le voient et sont antor la souche [9], et vivent et passent [10] assez bien lor tens, por ce qu'il sont en l'ombre de l'aubre, et sentent la bone odor dou fruit; autres i a plus gregneurs [11] qui se preinent aus branches [12] et ont dou fruit [13], aucuns de bons, autres [14] de millor, et li bien ranpant manjuent dou trés bon. Tuit cil qui menjuent dou fruit vivent a honor, li uns bien, li autre[s] miaus, et li autres trés bien.

109. Cil aubres [1] de sens, don la souche [2] ne faut ne ne seche, et qui toz jors est et vers et floriz et portans [3] fruit, est Nostre [4] Sires Jhesu Criz [4]. Les bones branches sont li saint et les saintes et tuit li doctor [5] de Sainte Eglise, dont ele est anluminée [6] par les Saintes Escritures qui ansaignent la voie Damedieu [7], dont les ames sont sauvées et randues au creator qui tout crea et fist, et de [8] cui eles doivent [9] estre par [9] raison. Cil qui ne pueent l'aubre veoir ne quenoistre [10], ne ja ne tasteront [11] dou fruit, sont cil qui ne sont de la loi Nostre Seignor [12] Jhesu Crit [12], et [13] ne la quenoissent ne ne [14] la [15] croient, et li fauz crestien [16] desesperé dou tout.

tres — 6 *E* La. de sus est de sara — 7 *E* foillus — 8 *A* porte — 9 *B* cosse; *C* sorche — 10 *A* paissent — 11 *C E* gracieus — 12 *C* as branches de laubre — 13 autres i a p. g...... o. d. fruit *manque dans A* — 14 *A ajoute* et

109. — 1 *B* Cest larbre — 2 *B* cosse — 3 *C* et porte flor et — 4-4 *B* seigneur; *E* sires — 5 *A* ansaignement; *B* endotrineurs — 6 *C* illuminee — 7 *A* a jhesu crit; *C* a d.; *E* de d. — 8 *A* f. de; *C* et a — 9-9 *A* randre; *C* estre randues — 10 *B* Cil qui ne puent voir larbre veor et cognoistre; *C* Cil qui. laubre ne poent conoitre — 11 *C* mangeront — 12-12 *manque dans E* — 13 *manque dans A* — 14 *manque dans C E* — 15 *B* y; *manque dans E* — 16 *B ajoute* et les

110. Cil qui sont en l'ombre [1] et vivent [1] et passent [2] assez [3] bien, sont li [4] simple crestien, qui vivent benignement [5] en lor simple creance, et se gardent volentiers a leur pouoir qu'il ne [6] partent de l'ombre, ne ne [7] vont mie [8] au chaut, [9] ce est au pechiés morteis [9]. Cil qui se prannent as branches et menjuent dou fruit, sont cil qui se prannent [10] as sages [11] oevres des sainz et des saintes [12] et des sainz peres [12], et [13] qui aprannent volantiers et oient la Sainte Escripture por panre example as bons, et savoir lor ames sauver [13]. Et cil [14] qui [15] aprannent sapiance et science, selonc ce que chascuns s'efforce et esploite a plus sagement [16] ovrer en bien [15] vers Dieu et vers le siecle, si ont [17] dou fruit, li bon dou bon, li meillor dou meillor, li trés bon dou parfit.

111. A cel saint aubre de senz qui est celestiaus, ne se [1] puet apparillier nus aubres terriens ne sens natureus; en ce n'a nule comparison, mais li plus sage terrien et li grignor mestre se doivent traveillier ententivement de siurre [2] et [3] sorsambler [4] a lor pooir, et selonc raison, le saint aubre devant dit [5], tout soit il nomper. Et de la soe grace meïsmes le doivent [6] loer [7] et amer et servir et aourer, et [7] sagement anseignier les autres par l'example de lor [8] bones oevres, [9] et aprendre a lor deciples et a

110. — 1-1 *manque dans C; placé dans E après* et passent assez bien — 2 A paissent — 3 *manque dans B* — 4 *E* cil qui sont — 5 B beniment — 6 C *ajoute* se — 7 *manque dans C* — 8 *manque dans C E* — 9-9 C qui sunt li pechie mortel; et se gardent v...... pechies morteis *manque dans A* — 10 A *ajoute* garde — 11 *manque dans B; C* bones — 12-12 *manque dans A* — 13-13 *E* oient volentiers la s. escr. pour sauuer lor ames — 14 *manque dans A; B* Et tous ceus — 15-15 *E* esploitent sagement en bien — 16 B *ajoute* quil puet esploitier et — 17 A B C a

111. — 1 *manque dans B* — 2 B suidre; C porsuir; E sieure — 3 C a; E et a — 4 A soe sambler — 5 A li sains aubres deuant diz — 6 B doit len — 7-7 E et seruir et ameir et — 8 *man-*

touz ceus qui vorront user [10] de lor consoil a [11] faire bo-
nes oevres [9] et sages, et avoir [12] contenement [13] loial vers
Dieu et vers le siecle.

112. Li fol et li mauveis qui ne les [1] vuelent aprochier
ne quenoistre ne croire, et aucun qui [2] les ont conneüz
et [3] puis se partent d'aus et les renoient, sorsamblent [4]
çaus qui mescroient la loi Nostre Signor, [5] et çaus qui
furent de la loi [5] et [6] sont desesperé dou tout. Les simples
genz [7] qui sont antor les sages [8], et les voient et oient, [9] et
se [9] chevissent antor aus simplement et bonement [10] por
lor servise, et ainsis [11] ont [12] lor vivre, si [13] que il pas-
sent [14] bien et [15] covenablement, et sont covert, et au-
ques [16] honoré dou sens et de la valor de [17] lor sages sei-
gnors, sorsamblent [18] çaus qui vienent [19] au saint aubre
et [20] vivent [21] en l'ombre de lui et sentent l'odor de son
bon fruit [22].

113. Et li autre qui sont soutil [1] et reinable et bon de-
ciple [2], quel qu'il [3] soient, parant ou autre, qui se tra-
vaillent et [4] poinent d'apanre [4] dou sage [5], et esploitent
sagement [6] premiers a Dieu servir [7] et amer [7] et douter,
et après a [8] sagement overr des fais terriens, sorsam-

que dans C.— 9-9 manque dans E — 10 B ouurer — 11 B et —
12 B ajoute bon — 13 C comencement; B ajoute et
112. — 1 B le; manque dans C — 2 manque dans A; C ajoute
ne — 3 C qui — 4 B seursenblant; E ajoute bien — 5-5 manque
dans C — 6 C ajoute se — 7 B crestiens — 8 E les sagens gens
— 9-9 A B se; C et — 10 A ajoute autor aus — 11 B ainsinc; C
ausi — 12 C ajoute il — 13 manque dans B — 14 E pancent —
15 manque dans A — 16 B aucuns — 17 A a; E et de — 18 B
seursenblant; E sorsamblant — 19 A viuent; B viuent et vienent
— 20 C ajoute qui — 21 B vienent — 22 A fil
113. — 1 B soutif — 2 E discipline — 3 A qui — 4-4 B C E
font tant que il apreinent — 5 E des sages — 6 B ajoute en cest
siegle — 7-7 manque dans A — 8 manque dans B C E —

blent [9] bien çaus qui se prannent as branches et [10] usent [11]
le bon fruit dou saint aubre, et vivent a honor.

114. Li sen terrien [1] sont de parti en mout de [2] menieres,
et [3] presté a mout de gent : li un ont grace d'une chose,
et li autre d'autre, et tout est sen; mais l'an ne puet mie
resnablement ne largement apeler sage [4] qui ne l'est [5] que
d'une seule [6] chose, se ce n'est dé Dieu servir tant seule-
ment; mais soutil puet on dire qu'il est [7] de cel oevre,
quel qu'ele soit, granz ou petite, et qu'ele soit toute voies
bone [8]; car [9] soutil de malice et [10] de male oevre [11], ne doit
on en nule meniere dire [12] qu'il ait sens en tel androit [13].

115. Et por ce que longue chose seroit [1] de conter et [1]
de retraire toutes les menieres de sens que on [2] porroit
avoir, les .III. [3] que vos orroiz après bien sosfiront [4] :
l'une [5] est [6] que l'an doit [7] porchacier et [8] avoir covena-
blement et loiaument son vivre por lui et por les siens ;
li autre dui sont en .I. respons que cil qui fist cest
conte manda [9] jadis en rime a .I. home que l'an tenoit [10]
a soutil; mais l'an disoit qu'il estoit mout [11] malecieus,
et por ce que ou [12] mandemanz que cil li fist [13], avoit [14]
mout parlé de senz, entre [15] les autres paroles il li res-
pondi et manda [16] :

9 B seursenblant — 10 C E ajoutent ont et — 11 B ont vsé
114. — 1 A ajoute en — 2 B en meintes — 3 manque dans A —
4 B intervertit mes len ne puest mie apeler resn. celui sage ne larg.;
C intervertit mais lan ne puet pas apeler rain. ne larg. sages — 5 A
let; B list — 6 manque dans C; E q. de vne chose — 7 B ajoute cil
qui list — 8 A donee — 9 A ajoute en — 10 C E ne — 11 E de mal
ourer — 12 B ne doit len mie dire en nule guise — 13 C en lui a droit
115. — 1-1 manque dans E — 2 B qui en — 3 A .II. — 4 B
soufiroit; C soffiroit; E soffiroient — 5 C E li vns — 6 manque
dans C — 7 B C seust; E sache — 8 manque dans B; E ajoute
auenir a — 9 C enuoia — 10 A ajoute jadis — 11 B E trop; C
tres — 12 A cil — 13 C ajoute estoit contenu et — 14 B auoir —
15 E quitre — 16 et manda manque dans A

116.« Vos qui estes [1] soutis de raison et d'usage [2],
Vos savrez bien conduire, se Dieu plest, comme sages
Miaus et plus sotilment que je ne vos devis [3] ;
Toute voie vos mant [4] ce qu'il m'an est avis.
Li soverains des [5] sens si est de Dieu servir
Et amer et douter [6]; l'en [7] en puet desservir
La vie pardurable, et si est grant honor,
En cest siecle meïsmes, au grant et au menor,
Et des [8] sens terriens m'acort je mout [9] a un :
Que [10] l'an gart bien la pais et les cuers dou commun ;
Car qui [11] se fait haïr a la grignor partie,
Raisons et quenoissance est [12] de lui departie [13].
Il i a tieus [14] qui sont trop soutil de malice ;
Entr'aus et paradis a grant barre et grant lice [15].

117. Li plus soutil de mal sont sovant [1] li plus fol [2],
Car tout a [3] escient se met la hart ou col.
Il [4] meïsmes se juge, bien doit estre entendu ;
Mais li haus soverains [5] a sovant atendu [6]
Tant que l'an [7] se repent et vient on a [8] merci [9] ;

---

116. — 1 *A* iestes — 2 *A* de sage — 3 *Ce vers manque dans B;
il manque aussi, ainsi que le précédent, dans E, où il y a seule-
ment* et deuis — 4 *C ajoute* je — 5 *A C* de — 6 *B ajoute* quar
— 7 *A* lui — 8 *A C* de — 9 *E* bien — 10 *B* cest que — 11 *B* sil
— 12 *E* sont — 13 *B* est de leide partie — 14 *B* meins — 15 *E* et
a g. l.; *le vers manque dans C*
117. 1 *B* de m. celui est; *E* li plus subtisde m. si est — 2 *Ce
vers manque dans C, il y a seulement* cil est bien fox; *E* l. p.
fols — 3 *B C* Qui a son; *E* Car a son — 4 *C A* m. — 5 *B C E* justi-
ciers — 6 *B* entendu — 7 *C* tout que il — 8 *B* v. assa; *C* v. a;
*E* v. a sa — 9 *Le ms. E intercale ici le passage suivant qui ne se
trouve dans aucun autre ms.:*
Et aucun demeurent tant en lor meffait que il le compeirent,
car, pour ce que il oblient lor meffais, si cuident que Dieus les obli-
ce(nt) ; mais non fait, car dou meffait oblié prent il sovent vanjance
en cest siecle, si com il avint d'un escuier qui servoit a un cheva-
lier. Li chevaliers si avoit en plusours leus terre; .xL. livres li de-
voit on a une de ces villes ; il dist a son escuier que il voloit aler

Cil iert [10] bien eürez [11] cui [12] avendra ainsis [13].
Il a plus de mil [14] voies [15] a aler en enfer;

a celle ville ou on li devoit ces .XL. livres; li escuiers respondit :
« Sire, quant vous plaira. » Il monterent et s'en alerent et vin-
rent a celle ville; li chevaliers avoit son maiour en celle ville, qui
avoit receüs les .XL. livres de ceus qui les devoient, et les delivra
au chevalier; et li chevaliers les fist recevoir son escuier. Li es-
cuiers les reçut et les pandit a l'arçon de sa celle, et puis si mons-
terent et se mirent au retour parmi .i. bois ou il avoit .i. hermi-
tage; et chevauchierent tant que il vinrent devant l'ermitage, ou il
avoit .i. fossé. Li chevaliers passa avant, et li escuiers après ; et au
passer que il fit, li gourles chaïst a terre devant l'ermitage, et li
escuiers s'en passa outre et chevaucha, ne ne s'en aperçut. Li her-
mites estoit a sa fenestre qui disoit ces hores, et vit bien l'argent
cheoir. Et avint que tantost vint .i. charboniers qui faisoit char-
bon es bois, et passa par devant l'ermitage, et trova le gourle a-
tout les .XL. livres, et le print et l'emporta. Li chevaliers et
li escuiers chevauchierent ensamble ; li chevaliers resgarda
la ou il cuida veoir le gourle atout l'argent, et n'an vit
point : « Ou est », dist il, « li argens? » Li escuiers respondit :
« Vez le ci derier moi. — Non est », dist li chevaliers. Li escuiers
geste sa main derier soi, et ne trueve mie l'argent. « Haa, » dist il,
« il m'est cheüs en droit l'ermitage, ou mes chevaus sailli outre le
fossé. » Il retornerent ensamble li escuiers et li chevaliers, et si-
verent lor esclos regardant a terre; et quant il vinrent devant l'er-
mitage, si regardarent ou fossé et defors, et ne virent mie l'ar-
gent; et lors fust li chevaliers corociés, et dist a l'escuier : « Or
puis querir la forme au[s] rissoles; je cuit que tu me veus ambler,
et puis si le me fais querre la ou tu seis bien que il n'est pas. Ran
moi mon argent apertement, ou tu le comparras.—Voire, sire, » dist
li escuiers, « cuidiés vous que je soie lerres? Naie voir, ainz suis
prodom, ne je n'ai corpes en ce dont vous me mescreez. — Oez, »
dist li chevaliers, « de ce glouton, je sai certainnement que par ci
ne passa puis hom ne fame, et me veut ici ambler mon argent. »
Atant trait l'espée, et s'en vat vers l'escuier, et cuida ferir l'es-
cuier parmi la teste; mais li cops s'an ala en teille maniere que li
escuiers ot le pié coupei tout jus. Quant li chevaliers vit ce, si tor-
cha son espée, et la bouta ou fuerre, et se tourna d'iqui tous cou-
rouciés. Li escuiers remeist dolans et esbahis de son pié qu'il vit
coupei; si descendit a terre, et print son pié qui a terre gisoit, et
le lia ou pan de sa chemise a mout grant angoisse, et a mout grant
destresce remonta sus son cheval, et s'en vat en son païs dolans et

Granz et larges overtes [16] sont les portes [17] d'anfer.
Se li nices i vient [18], ce [19] n'est pas [20] granz [21] merveille,
Mais trop [22] est granz domages quant [23] sages ne s'esveille,
Plus especiaument quant il a [24] longue [25] espace.
Mout mesfait anvers [26] Dieu qui mal use [27] de grace :
Icil [28] n'est mie sages, ainz est fous de [29] nature ;
En cest siecle ou [30] en l'autre fornira Dieus droiture.»

marris de cuer. Li hermites qui tout avoit veü, si fu mout mervilleus
comment Dieus avoit soffert que cil escuiers avoit le pié coupei si sans
raison, et pria a Nostre Signor mout devotement qu'il li feïst savoir
pour coi se estoit avenu ; et Nostre Sires li fist savoir par .i. de
ces angles, et li dist li angles de par Nostre Signor : « Hermites,
ne requier plus a Nostre Signor teis choses a savoir ; car la justice
de Dieu si est une abisme, car on n'en puet a fons venir ; mais de
ceste justice saveras tu de par Dieu la veritei. Je te di que li che-
valiers ne ravera jamais les .XL. livres ; car il avint, grant piece a,
que il avoit .i. home desous lui demourant, de cui il ot par raen-
çon et a tort .XL. livres. Icil hom de cui li chevaliers ot les .XL. li-
vres a tort, si est mors, et de lui demoura .i. filz, et est charbo-
niers ; et icil enporte le gourle et les deniers au chevalier, que Dieus
li a fait trover, et sont et seront sien toute sa vie, et en fera sa vo-
lentei comme de la soie chose. Et pour ce n'a pas eü li escuier le
pié coupé ; ains avint que li escuiers en s'anfance estoit maus en-
fes, et n'avoit point de peire(s), car mors estoit ; sa meire le blas-
moit des folies que il faisoit, et le vot une fois batre ; et il se cou-
rouça, et ferit sa meire dou pié ; et pour ce vuet Dieus et a soffert
que li chevaliers li at copei ; et mieus li vaut que Dieus en ait pris
la justice en cest siecle que en l'autre. » Atant se departit li angles
de l'ermite, 'et pour ce ne se doit nuns mervillier des choses qui
avienent ; car pou en avient sans raison. Or revenons a nostre ma-
tiere, et disons que mout ce doit on bien garder de folement
ovrer en enfance, en jovent et en moien aage, et doit on venir a
merci a Nostre Signor, tantost com seit que on a meffait. —
10 A C. est ; E Et c. iert — 11 A bons aurez ; B bons ahureus ;
E bons eureis — 12 B quil — 13 C cil en aura ensi ; E c. auanra
ausi — 14 A .VII. — 15 B voiens — 16 manque dans C ; E G. l.
et o.— 17 A li pertuis — 18 A Se li vice i vont ; B E Se les nices
i vont — 19 manque dans C — 20 B C mie — 21 manque dans
B — 22 C mult — 23 E que — 24 B q. il ont — 25 man-
que dans B ; C grant — 26 C en — 27 E oeure — 28 B Celui ; E
Cil — 29 E par — 30 A et

118. Vos avez oï parler [1] de sens et [1] de [2] richesce, et de [3] .III. choses qui soufisent a savoir [4]; et toute voie qui plus [5] seit et [6] a, et [6] miaus [7] vaut; car sens a mestier partout; et richesce [8], quant ele est plus granz [9], qui l'a a honor de soi et leaument, plus en puet [10] de bien faire et a [11] Dieu et au [12] siecle [13]. Après, orroiz de discrecion qui est [14] autant [15] a dire [15] comme connoissance de savoir torner [16] le bien dou mal; de ce doit on laborer ou moien aage, et l'en [17] dit en proverbe : *Qui viaut veoir le siecle après soi, si le voie après [18] les autres;* et ainsis [19] est il, car ce que l'an voit avenir de çaus qui sont· trespassé de cest siecle, doit on [20] entendre qu'il avendra [21] de lui [22] des fez communs [22], après ce [23] qu'il sera [24] trespassé.

119. Et plus i a; car en sa vie meïsmes puet on [1] veoir [2] après soi [2] une grant partie de ses oevres, c'est a savoir [3] de tot ce que l'an a fait [4] ou tens [4] passé. [5]Car qui a passé [5] anfance et [6] jovant, doit [7] savoir [8] connoistre [9] et [10] trier les [11] bones oevres [12] [13] des mauvaises [13], et [14] effacier a son pooir et amander ses [15] tors faiz; et tant comme il est en vigor et en pooir et en droite memoire, doit [16] viguereusement labourer [17] et edifier [18] et

118. — 1-1 *manque dans* B — 2 B des — 3 B des — 4 C q. s. auoir — 5 *manque dans* E — 6-6 *manque dans* A E — 7 A plus — 8 B c. s. a m. p. est r.; C car sanz et richece si ha par tot mestier; E c. s. a m. p. — 9 C' *ajoute* et mieus vaut — 10 B *ajoute* on — 11 B C pour — 12 B C pour le — 13 et richesce quant..... et au siecle *manque dans* E — 14 C vaut — 15-15 *manque dans* C — 16 B E trier — 17 A le — 18 C enpres — 19 B C ausi — 20 B il — 21 C e. quil aura — E d. o. atendre — 22-22 *manque dans* E — 23 *manque dans* B — 24 C est
119. — 1 *manque dans* A — 2-2 B enpres soi; *manque dans* C E — 3 C ce est a dire — 4-4 C et — 5-5 B En — 6 B ou en — 7 C apres d.; E d.apres — 8 *manque dans* C — 9 A et connoistre — 10 A de — 11 A ces — 12 B les biens — 13-13 *manque dans* A; B dou mal — 14 C E *ajoutent* doit les mauuaises — 15 A ces — 16 A doit il — 17 A ourer —

croistre [18] et amander [19] ses. bones oevres, car l'an dit
que *nus maus n'iert ja sanz poine, et* [20] *nus biens sanz*
*guerredon.*

120. Et ainsis est il en cest siecle ou [1] en l'autre, que
qu'il [2] demeurt [3]; et bien puet l'en dire et cognoistre que,
outre [4] la justice Nostre Seigneur, qui enterinement [5]
est droituriere a punir les maus et a guerredoner les
biens, est l'en en cest siecle meïsmes [6] honiz et [7] avileniz
par mauveises [8] oevres, et honorez [9] et essauciez [9] par [10]
·bones [11]. Cil qui ont tant vesqu que il sont parvenu [12]
au tens [13] de connoissance de [14] trier [15] le bien dou mal,
et de faire labor qui [16] puet porter bon fruit, doivent la-
borer bien et [17] sagement, et garder soi de contraire,
[18] se il [18] sont sage. Et cil qui ne sevent les escritures ou
qui n'ont grace de soutil quenoissance, se poent [19] doner
garde as oevres [20] terriennes, qui sont devant lor iaus
chascun jor.

121. Et chascuns voit et seit que le blef que l'an
semme [1] et les aubres que l'an plante, tant comme il
sont petit, il ont mestier de garde et de norriture [2], d'ai-
gue [3] et de labor [4]; et quant [5] il sont grant et vert et
bel, [6] por ce [6] ne portent il pas [7] fruit jusqu'a tant qu'il
soient flori, et après grené, et puis meür [8]. Et quant [9] il

18-18 *manque dans B* — 19 *C* esmender — 20 *E* ne
120. — 1 *C* et — 2 *B* que — 3 *C* desmort — 4 *C* toute; *E ajoute*
toute — 5 *C* justement — 6 ou en lautre..... siecle meismes *man-*
*que dans A* — 7 h. et *manque dans B* — 8 *B C* les males; *E*
malades — 9-9 *manque dans E* — 10 *C ajoute* les — 11 *B ajoute*
euures — 12 *B C* venu — 13 *E* p. a tant — 14 *B ajoute* sauoir —
15 *A* torner — 16 *E ajoute* lor — 17 *manque dans E* — 18-18 *A*
et ce — 19 *A* puet; *B* peuent; *E* puissent — 20 *B ajoute* de
121. — 1 *B* sume — 2 *E* de gardeir et de nourir — 3 *B* deue;
*C* dyaue — 4 et de l. *manque dans B* — 5 *manque dans A* — 6-6 *B*
portent — 7 *manque dans B E* — 8 *C* moure — 9 *C* puis que —

sont presque [10] meür [11], si [12] doit l'an cueillir le fruit sa-
gement et porveamment a droite saison [13]. Car [14] quant
l'an atant trop [15], li espiz dou blé [16] ploie vers [17] terre;
et li graïns seche et [18] chiet [19] des aubres; soiche la fueille
et chiet [19] li fruiz. Ne ja n'i avra si grant blef ne si haut
aubre [20], quant il sont parcreü a lor droit, que, après
ce [21], les cimes et les branches ne [22] commencent a [22]
ploier et [23] revenir vers terre ou [24] lor racine est.

122. Ausis [1] est il des homes et des fames. Ou tens
dou moien aage est li fruiz [2] meürs [3] : ce est la [4] que-
noissance et le [5] pooir de nature; et adonc doivent
fructefier et trier [6] le bien dou mal, et ovrer bien et
loiaument, tant comme li bons tens dure, et doivent [7]
commancier dès [8] le commancement [9] que l'an antre
en [10] celui tens dou [10] moien aage, et [11] siurre et perse-
verer [11] de bon en millor. Et ou mileu de celui tens
doivent estre parfet [12], et après [13] ne se [14] doivent retraire
de faire le miaus qu'il porront.

123. Et toz jors doivent avoir en remambrance que
en viellesce li [1] cors acourbiront, et li chief ploieront, et
li mambre trambleront [2] et engordiront [3] et revendront
vers terre. Car de [4] terre sont, et en [5] terre revendront [6];

10 *manque dans B* — 11 et quant il....... p. meur *manque
dans E* — 12 *manque dans B C* — 13 *B* reison — 14 *E* Et — 15 *C*
tant — 16 *A ajoute* et — 17 *C* a — 18 *C ajoute* si — 19-19 *man-
que dans B C; E* et des arbres seche la fuelle et chiet — 20 *E
ajoute* que — 21 *B ajoute* que — 22-22 *C* couiegne — 23 *A* et a
— 24 *E* en
122. — 1 *B* Ansin — 2 *B* m. a. que leur fruit est — 3 Ou
tens..... li f. meurs *manque dans C* — 4 et 5 *B* leur — 6 *A* torner
— 7 *C* doit en — 8 *B* de; *C* dou — 9 *B* des celui temps — 10-10
*manque dans B* — 11-11 *C* suir et p.; *E* sieure — 12 *C interver-
tit* ou miloeu doiuent estre parfet de celui tens — 13 *manque dans
C; E ajoute* ce — 14 *manque dans E*
123. — 1 *C* lor — 2 *E* ploieront — 3 *C* engrediront — 4 et 5 *man-*

[7] les fueilles cherront [7] l'une après l'autre : ce est a savoir que memoire faudra [8] de jor en jor [9] plus et plus ; li fruiz sera perduz : ce est li pooirs de bien faire ; li aubres cherra en la fin et porrira : ce est li cors qui morra.

124. Por toutes les [1] raisons devant dites, se doit on [2] traveillier, [3] et puet on soutilment [3], en [4] quanque [5] l'an puet, ou bon aage devant dit, [6] de bien [6] esploitier en dit et en fait, si que li bons [7] fruiz de celui soit et remaigne en bone memoire [8], a l'onor et au profit de l'ame de lui [9] et de çaus qui le [10] crurent et siurrent en bones oevres [10]. Et si [11] comme [12] il est [12] dit desus dou blef et des aubres, que tant comme il sont [13] tendre et [13] vert ne portent fruit, et ainsis est il d'anfance et de jovant.

125. Ou moien aage est li fruiz parfeitement [1] meürs, et adonc le doit on garder et cueillir ; ainsis [2] comme il chiet et porrit, quant il demeure outre saison es aubres, ainsis [3] est il de çaus qui dient qu'il s'amenderont [4] en viellesce, et adonc se tanront de [5] pechier. Ce dient, mais la male volantez qu'il ont par l'anortement [6] de l'Anemi les tient [7] en ce. Et se il [7] vivent tant qu'il [8] ne [9] puissent pechier [10], si [11] s'an sueffrent [12] maugré lor [12] ; cil ne laissent mie le [13] pechié, mais li pechié les laisse [14].

quent dans B — 6 B deuendront — 7-7 A et alascheront — 8 B comencera affaillir ; E defaura — 9 B ajoute et

124. — 1 C ces — 2 manque dans C ; E si d. o. — 3-3 et p. on manque dans B C ; et p. on s. manque dans E — 4 manque dans C — 5 B tant come — 6-6 manque dans A — 7 manque dans B — 8 E meniere — 9 B de la. et d. l. ; E de lui et de same — 10-10 A siurrent en bones oeures et crurent — 11 C ausi — 12-12 manque dans E — 13-13 C tant

125. — 1 A faitissement — 2 et 3 C ausi — 4 C esmenderont — 5 B et ad. seront a ; C et ad. se tariront de ; E et ad. se lairont — 6 B lamonestement ; — 7-7 B a ce que se il — 8 B qui — 9 manque dans B — 10 E q. il ne puent — 11 E il — 12-12 B mal leur gre ; C magre aus — 13 B leur — 14 C li p. aus

126. Assez i a de ces [1] qui ne vuelent rendre [2] a Dieu
ne a bone [3] nature, ne as gens ce qu'il lor [4] doivent; si
comme cil qui toz jors font mal sanz repentance [5] et
sanz penitance [5]; et quant il sentent la mort, si deman-
dent l'abit d'aucune [6] religion, et font geter [7] le mantel [8]
d'aucun frere sus aus, et dient qu'il sont randu. Cil ne
paient pas de leur gré au droit terme de la paie [9]; mais
Nostre Sires s'an [10] paie a force [11]; et bien doit on [12]
croire, se il sont [13] bien [14] repentant et verai confês et [15]
volantis [16] de penitance faire, [17] que il seront sauvé.
Mais trop lor couste chier ce qu'il ne paieront [18] a heure
et a tens [19]; car longuement en seront [20] en purga-
toire.

127. La plus petite poine qu'il ont en .I. jor lor [1]
sormonte toutes les penitances qu'il porroient avoir fait
en cest siecle; ausis est il de cels qui ne randent a na-
ture son [2] droit, quant raison [3] le requiert [4]. Et por ce [5],
nature doit estre par raison assise et reposée et affer-
mée [6] et estable [7] ou mileu dou moien aage, et en tel
estat [8] comme en est [9] adonc [10], de naturel senz ou de
folie, de debonaireté et d'umilité ou de felonie [11], d'or-
gueil et [12] de largesce ou d'avarice, de hardement ou de

126. — 1 B Assez de fos — 2 A tandre; C tendre a deu ne a b.
nat. ne as g. rendre — 3 et 4 *manquent dans B* — 5-5 B et sanz
amendement; *manque dans C* — 6 A de — 7 A estandre — 8 C
labit — 9 A *intervertit :* Cil ne p. p. a droit terme de la paie de
lor gre — 10 C si; E se — 11 B a la foiz — 12 B et touteuois
doit len bien — 13 C se il es — 14 *manque dans B;* E verai
— 15 *manque dans A B C* — 16 A C volantez — 17 A de porueance
faut; C et de peneance faire — 18 B E paierent; C paient — 19 B
a eure ne a terme — 20 C sist; E sont

127. — 1 *manque dans B C;* E ja — 2 A lor — 3 A droiz — 4 B
*ajoute* et aporte — 5 et por ce *manque dans B C;* ausis et il... et
p. ce *manque dans E* — 6 B fermee — 7 A establie; et est. *man-
que dans E* — 8 B et tel point; E en estat — 9 C c. est deuant
— 10 C et — 11 B feliniee; A B C *ajoutent* ou — 12 *manque dans*

coardise [13], d'estre paisibles [14] ou quereleus, loial ou delloial, soutil ou gros [15], amesuré ou escalufré, bon ou mauveis en toutes [16] choses.

128. En tel point [1] com en est [1] lors, sanz granment [2] d'amandement s'an passe l'an, se ce n'est d'aucunes choses [3] qui aviennent en viellesce ou eschient [4] par [5] la grace de Dieu proprement [6], ou d'aucun bon heür [7] qui vaigne par soi meïsmes sodainnement, ausi [8] com dou plait de l'oreille [8]. Et [9] touz les bons heürs [10] doit on quenoistre et croire qu'il vaignent [11] de la grace de Dieu Nostre Seignor meïsmes [12].

129. Et por ce que ou mileu dou moien aage est arestez li pooirs de nature et assis [1] en bien ou en mal, se [2] doit on mout traveillier le cuer et le cors devant, si que l'an soit en celui tens [3] en bon estat de sens, selonc ce que Dieus i [4] a donée de [5] grace, et de [6] fondement de pooir aprendre [6] et retenir et ovrer [7]; et mout se doit on garder [8] de folie [9] commancier; et qui la commance [9] ne la doit pas siurre [10], et qui [11] .i. po de tens la porsuist, ne la doit parfere; car li fous parfaiz est honiz [12] apparamment, et en puet morir [13] honteusement et perdre s'ame, car fous ne set s'ame sauver.

ABC—13 C coardie — 14 B plesibles — 15 E rudes — 16 C ajoute ces
128. — 1-1 A se lan nest — 2 B s. mout a. — 3 manque dans E — 4 A eschiuent; B eschaent; E chiee; E ajoute en grace de garder sonnor et eschuef honte et qui ensi le fera il ne sara ja gros se il a cuer mais li peresous a cui il ne chaut donour ne de honte se sont li gros — 5 A por — 6 C proposement — 7 A C cuer; E ou daucun bien—8-8 A comme dieu plest —9 E En —10 A cuers— 11 E q. il vaigne — 12 B de la g. de d. proprement; E de la g. n. s. m.
129. — 1 C ajoute ou — 2 A si — 3 B et C intervertissent si q. en cel. t. soit len; E si q. on en celui tens s. — 4 manque dans E — 5 A ajoute bone — 6-6 A f. et de p. daprendre; B bon enseingnement de p. a.; C f. a aprendre — 7 C a. et a r. et o.; E a. et aourer — 8 B tenir — 9-9 E encommencier car qui lan commance — 10 E d. parsieure — 11 B se — 12 A honz — 13 C honir

130. Ententivement [1] se doit l'en [2] contenir [3] debonai-
rement et [4] humblement [5]; et nomméement [6] li grant
seignor et li riche, car lor debonaireté et lor humilité [7]
est apparanz et [8] porfitable a aus mesmes et as autres
genz, et plus veüe et connue que des povres [9]. Mout se
doivent garder de felonie et d'orgueil, car ce sont .II.
choses qui mout desplaisent a Dieu et au siecle, et maint
mal [10] en sont avenu et pueent avenir [11].

131. Mout est granz sens d'estre humbles et debonai-
res, quant on est au desus d'aucune chose qui est [1] an-
contre [2] lui. Et se [3] ce est de guerre [4] ou de plet, adonc
fait bon [5] finer et [5] faire pais ; car qui adonc [6] fine, il [7] a
le meillor d'onor et de porfit. Et touz jors doit on reque-
noistre [8], quant on est au desus, que Nostre Sires qui
est soverains et touz puissanz, li a cele grace donée [9]; et
dou pooir d'autrui ne se doit on [10] enorguillir [11]; et [12]
d'orgueil et d'outrage [13] et d'outrecuidance [14], qui vient [15]
de trés [16] grant folie [17], ne [18] doit nus joïr a la longue.

132. Chacuns doit estre larges de son [1] pooir et
de [2] son androit [3], premiers a l'ame et puis a l'onor

130. — 1 A Enterinement — 2 manque dans A — 3 A ajoute
et — 4 C en — 5 C humilite — 6 A meesmement; B nouelement
— 7 B humile — 8 C ajoute et debonaire — 9 et porfitable..... q.
d. poures manque dans E — 10 A et mout grant mal — 11 B in-
tervertit en puet auenir et sont auenuz
131. — 1 C E soit — 2 B E contre — 3 manque dans C E —
4 B quereile — 5-5 B f. le pleit et; manque dans C — 6 manque
dans A — 7 B E ajoutent en — 8 E connoistre — 9 B intervertit
que diex li a donee cele grace, qui est sou. et t. p. — 10 C ajoute
mie — 11 B ourgueillir; C erguoillier; E meruillier ne orguillier
— 12 E car — 13 B et dautrui oustrage — 14 C doutragecui-
dance — 15 E vienent — 16 manque dans E — 17 B intervertit
oustrage qui vient de tr. gr. f. et doutrecuidence — 18 B ajoute
se
132.— 1 B l. dou; C l. a son —2 B p. de ; E p. et selonc —3 C

dou ⁴ cors ; ⁵ ne sont mie ⁶ tuit cil large que ⁷ li fol
tiennent a larges ⁵; car gas n'est pas ⁸ largesse. Resnable-
ment doit ⁹ on doner, et si ne ¹⁰ puet on estre larges, que
l'an ne perde aucun de ses dons; mais portant ¹¹ ne le ¹²
doit on laissier; avarice est trop vilains vices ¹³, et co-
voitise peor. Li aver ne li eschar n'osent despandre
ne doner ¹⁴; ainz languissent d'angoisse, et ce qu'il ont
n'est mie lor, quar il ¹⁵ ne s'an ¹⁶ osent aaisier ne chose
faire qui soit a l'onor et au profit de lor ames et de lor
cors ¹⁷; ne ja tant n'avra li covoiteus qu'il ne covoite
¹⁸ toz jors ¹⁸ l'autrui, et ¹⁹ covoiteus ne puet ²⁰ estre
saous.

133. Haute chose et honorable est que ¹ d'estre har-
diz ² : quant on vient en ³ place que il n'i a que ⁴ dou fe-
rir, ⁵ chascuns qui a cuer le doit estre por ⁶ vivre ou mo-
rir ⁵ a honor; et par ⁷ coardise, qui ⁸ en tel leu est couars,
puet on ⁹ morir ¹⁰ et estre honiz ¹⁰ en fuiant; et li hardiz
puet eschaper et estre honorez ¹¹; mais en ¹² hardement
a grant mestier li ¹³ sens.

134. Li hardemanz dou sage est mout ¹ honorables et ¹
profitables; et, l'an dit toz jors ² : *Folie n'est pas ³ vas-*

ajoute tot — 4 C de son — 5-5 E car cil nest mie sage qui fol
tiennent a large — 6 B pas — 7 B C E qui — 8 B C mie — 9 A
puet — 10 manque dans B — 11 B pour ce — 12 manque dans A
— 13 B trop mauuaise vie — 14 A Li auer li eschas nosent d. de-
nier ne maaille; B Lauier eschars nosent mestre ne donner — 15
A quil — 16 manque dans C — 17 B C intervertissent qui soit
au profit ne a lonor de leur cors ne de leur ames; E qui soit a
lonour ne au profit de lor cors ne de lor armes — 18-18 B adeis
— 19 E car — 20 B doit
133. — 1 E h. c. est et h. — 2 E ajoute et — 3 E ajoute la — 4
manque dans C — 5-5 manque dans B — 6 A par — 7 A por —
8 B ajoute est quil — 9 manque dans B — 10-10 manque dans
B — 11 A p. estre honorez et eschapez; C p. estre esch. et hon.
— 12 C li — 13 C de
134. — 1-1 manque dans B — 2 B et touz jours dit que; E

*selages*. Li sages seit quenoistre et trier [4] le leu ou li hardemanz puet valoir [5], et [6] seit garder et eschevir [6] soi et sa compaignie, que [7] por [8] hardement n'anpraigne [9] folie ; et quant l'an viaut aler en fais d'armes, l'an doit savoir [10] et regarder [10] se il i a grant honor ou [11] grant profit a tel [12] besoig parfere ; car se ce est [13] por rescorre vile ou chastel ou autre grant [14] chose, l'an i doit aler [15], a chief ou a meschief, por l'onor qui i est. Et se ce est [16] porfiz, l'an doit [17] savoir se ce est granz chose, et se l'an a [18] gent par [19] quoi l'an [20] puisse venir a chief.

135. Cestui sens faut [1] sovant ansiurre [2] as [3] chevauchies que l'an i [4] fait, que [5] mainte foiz sont teus que, se on en peüst [6] bien achever [7] les faiz por [8] quoi on i va [9], n'i avroit on [10] grant honor ne [11] grant porfit. Et se l'an est ancontré de [12] tel pooir [13] comme il i a [13] sovant ou païs devers les Turs [14], de legier en puet on estre pris ou mors, et qui en eschape, si ne faut on [15] mie a .i. autre [16] meschief, car s'en remue [17] et haste [18] de venir li trés grant flot des [18] Turs d'Egite et des [19] autres leus de paiennime [20].

---

*ajoute* que — 3 *C* mie — 4 *A* crier; *C* trouer — 5 *B* auoir mestier — 6-6 *A* s. g. cheuaus et; *B* valoir et cheuir; *E* seit garder et eschuer — 7 *A* et — 8 *B C E* par — 9 *B* ne preignent — 10-10 *manque dans C* — 11 *A* et — 12 *B* p. en cest — 13 *C* quant cest — 14 *manque dans A C* — 15 *C ajoute* soit — 16 *B ajoute* por — 17 *B ajoute* auant — 18 *B ajoute* assez — 19 *B* pour — 20 *B C ajoutent* en

135. — 1 *E* doiuent — 2 *E* ensieure — 3 *E* les — 4 *A ajoute* a — 5 *B C* qui — 6 *A* q. se on les poist; *B* q. se len les puet; *C* q. lan poust — 7 *B* escheuer — 8 *C* l. f. par; *E* le fait par — 9 *C ajoute* il — 10 *B* il; *manque dans C* — 11 *A* et — 12 *manque dans A* — 13-13 *B E* come il a; *C* i a il — 14 *A* tors — 15 on *manque dans E* — 16 *B ajoute* grant — 17 *A* c. lan en rueue; *manque dans C; E* c. on remue — 18-18 *B* de v. la grant fresloniere d.; *C* dou v. la grant compaignie d.; *E* la grant forsenerie de venir vers les — 19 *C* les — 20 *C* painie

136. Cil qui est paisibles [1] fait grant aaise a soi meïsmes [2] et a ses voisins et a ses amis ; et li quereleus est haïz et blasmez, et por [3] po de querele reçoit il [4] grant honte et grant mal ; et toz jors dit on : *Qui tout [5] covoite tout pert.* Et loiaus doit on estre vers Dieu et vers la gent. [6] Li loiaus conquiert [6] honor [7] en cest siecle, et en l'autre la [8] vie pardurable, car par les loiaus [9] oevres se sauve l'on ; et li [10] desloiaus dessert [11] le contraire, et puis que uns hons [12] pert foi, chascuns le monstre au doi. Et Nostre Sires Dieus [13], qui tout [14] voit et [14] seit et puet, en [15] prant la vengence en cest siecle ou en l'autre.

137. Chascuns se doit assoutillier voiant et oiant, enquerant et aprenant [1], estudiant et regardant en son cuer meïsmes, et demandant consoil a çaus qui le sevent [2], por savoir esploitier [3] des choses profitables et soi garder des contraires, et avoir Nostre Seignor [4] devant les [5] iaus, et lui prier [6] humblement que il li [7] doint [8] grace de garder s'onor et eschiver [9] honte ; et qui ainsis le fera, il li agreera au cuer [10] ; mais li perceus, a cui [11] ne chaut d'onor ne de honte, si sont li gros [12].

138. Mout se doit on pener d'estre amesurez ; car [1] toz jors dit on [1] : *Mesure dure.* Li riche puissant en sont

136. — 1 *C ajoute* si — 2 *A* fait grant pais meismes et gr. a — 3 *B C* par — 4 *B C* len ; *E* on — 5 *manque dans B* — 6-6 *répété dans A* — 7 *manque dans A* — 8 *manque dans E* — 9 *manque dans A* — 10 *manque dans B* — 11 *C ajoute* tot — 12 *A* p. q. h. ; *B* p. q. il ; *C* p. q. li hom — 13 *manque dans C* — 14-14 *manque dans B C E* — 15 *B* et

137. — 1 *A* en prenant — 2 *B* qui plus seuent ; *C* qui sont ; *E* q. seuent — 3 *A* profitier — 4 *C ajoute* toz jorz — 5 *B C* ses — 6 *A* de lui deproier ; *B* et prier — 7 *A* qui li — 8 *C ajoute* sa — 9 *A* eschuer ; *B* escheue(u)r — 10 *C* q. a. le f. il ne sera ja greuer se il a cuer — 11 *C ajoute* il — 12 il li agreera... li gros *remplacé dans B par* il ne sera ja gros ; grace de garder... li gros *manque dans E par suite d'une déchirure*

138. — 1-1 *C* en doit toz jors sauoir et le dit len que — 2 *manque*

mout honoré, quant il sont amesuré ; car se [2] il sueffrent
amesuréement les non puissanz, a grant bien et a grant
humilité lor est tenuz [3] ; et ce est une vertuz que Dieus
et les gens aimment mout, et cil qui sont amesuré an-
contre les [4] greignors d'aus, bien lor en [5] puet avenir
en .II. menieres : l'une [6] est que li [7] greignor [8] se passe-
ront dou fait plus de [9] legier ; l'autre si est [10], se il i a chose
a coi [11] il affiert vanjance, plus amesuréement porront
porchacier et trover leu d'aus vangier. Les povres genz [12]
doivent tuit [13] estre amesuré, car, par lor [14] desmesure,
les pueent honir et destruire li greignor d'aus ; et chas-
cuns [15] dira que c'est a bon droit. Et par [16] mesure
pueent [17] eschaper de domage et de honte, et par [18] sof-
frir et par [19] servir doit l'an granz biens avoir.

139. Li riche ne li povre ne doivent etre escalufré ;
[1] car meniere d'escalufré est trop perilleuse et mauveise [1] ;
et celui [2] est bons, qui bien se contient et qui est ententis
de [3] faire bontez sanz peresse [4]. Et qui viaut estre bons,
il doit panre example a çaus qui sont tenu [5] et conneü [5]
a bons, et aus choses [6] que li commun des gens tiennent [6]
a bones et qui sont [7] devisées par [8] bones [9] ; et cil qui
fait le contraire de ce qui est devant dit, est mauveis. Et
les bones teches [10] et les maveises muevent toutes [11] des
.II. choses desus nomées ; les bones de bonté, et les mau-
veises de mauvestié.

dans B — 3 B intervertit a gr. b. l. est t. et a gr. h. — 4 manque
dans C E — 5 manque dans A — 6 B ajoute maniere si ; C ajoute
si — 7 C des — 8 B ajoute deaus — 9 manque dans A — 10 B
et lautre que ; C lautre est ; E et lautre est —11 A a cui ; B en quoy
— 12 C Et la poure genz — 13 manque dans C E — 14 Ici s'arrête
le ms. C — 15 B qui lorra — 16 B pour — 17 B pourroit ; E ajoute
viure et — 18 B pour — 19 B biau
139. — 1-1 B quar ce est trop per. chose et m. — 2 A il — 3 A
a — 4 B perce — 5-5 manque dans E — 6-6 B qui sont tenues et
cogneus — 7 B ajoute desus — 8 B a — 9 et q. s. d. p. b. manque
dans E — 10 B choses — 11 manque dans B

140. Qui [1] bien entendra cest livre et orra de chief en
chief et retendra assez, porra estre garniz de bones te-
ches avoir et de garder soi de maveises, se Dieus l'an done
grace; et si i a il mout des autres [2] maveises teches qui
touchent [3] a desesperance; car plusors fous [4] i a desespe-
rez, qui en bourdant forfont [5] .1. trop grant pechié, [6] que
li nice [6] tiennent a petit et s'an rient [7], quant il l'oient : ce
sont cil qui blasment [8] et reprannent [8] les oevres celestiaus
et [9] terrienes que li Peres createurs [10] fist, et dient d'au-
cunes choses : « Ce n'est mie bien fait, et tele chose fust
bone, » et [11] ainsic et ainsic [11]. Entre les autres choses [12],
dient : « Pourquoi fist Dieus home [9], por avoir poine et
travail ou siecle et tribulacions, [13] dès qu'il nest [13] jus-
qu'à la mort? Et a la fin, se il le trueve [14] en aucun mef-
fait, si [15] va en anfer; portant ne le deüst ja Dieus avoir
fait. » Ce dient, et autres mescreanz i a, qui dient que
touz jors a esté et est [16] et sera cestui siecle, ne autres
ne fu onques [17], ne est [18], ne ne sera. Et autres [19] nices
crestiens i a, qui nicement vont a la messe [20] et nicement
s'an partent [21].

141. De touz les [1] .III. pechiez devant diz et de plu-
sors autres menieres de meffaiz que l'an fet, parla [2] vo-
lantiers [3] cil qui fist cest conte, et [4] des amandes que
l'an deüst faire, au [5] plus soutilment qu'il poïst et
seüst [6]; mais il estoit hons lais : si se doutoit [7] de trop

---

140. — 1 E Et q. — 2 E et si i a m. dautres — 3 B tournent — 4
A foiz; manque dans E — 5 B q. en bourdent et font; E q. e. b.
font — 6-6 A quil — 7 B ajoute et gabent — 8-8 manque dans E —
9-9 A li terrien home que diex li peres fist — 10 E terriens —
11-11 manque dans E — 12 manque dans E — 13-13 A de quoi
il vint — 14 A se trueuent; B se il trueue — 15 A se il; man-
que dans E — 16 i ert — 17 manque dans E — 18 ne est man-
que dans A — 19 B aucuns — 20 E v. au mostier — 21 B sen passent .
141. — 1 A ajoute autres — 2 A parlent — 3 A ajoute et — 4
manque dans A — 5 A parlast volantiers — 6 B De touz les pe-

aler avant es choses devant dites; car de legier poïst faillir et estre repris [8], et, por ce, ne fait mie a mervillier, se il en parla grossement [9], por avertir [10] la simple gent laie [9].

142. [1] Et dit que on doit croire et savoir [1] que Dieus li peres [2] fu, et [2] est, et sera toz jors sanz commancement et sanz fin, trés grant et parfeitement droiturier, et tout puissant; et que il, par toutes les vertuz devant dites qui sont en lui [3] parfaites, fist et crea le ciel et la terre et toutes les [3] creatures [4] qui [5] sont. Bien s'an devroient donc [6] taire cil qui reprannent les oevres Dieu; et ja [7] ne porroient tuit li home dou siecle [8] feire [9] la plus petite creature que Dieus feist [10], et se il contrefaisoit [11] l'ymage d'aucune beste ou d'oisiau, de pierre ou de fust ou d'autre chose [12] pointe et [13] entaillie, qui li donroit [14] vie et veüe ou oïe [14] et pooir de sentir et d'errer [15] et d'autre chose faire, se Dieus meïsmes ne le [16] faisoit [17]?

143. Et quant [1] ce ne puet estre, commant osent il [2] dire : « Por quoi fist Dieus home? et mialz vausist qu'il ne l'eüst pas [3] fait! » Assavoir est apparamment [4] que Dieus fist home de noiant, et de mains de noiant ne pooit il estre [5] : il le crea d'un po de terre, et le fist et le forma

chiez d. d. et daustre pluseurs que len feit et des amendes que len en deust feire parlast volentiers au plus soustiuement quil peust et seust celui qui fist ces liure — 7 *E* douta — 8 *A* p. f. a e. r.; *E* peust estre repris et faillir — 9-9 *B* en ce quil en dit et quil dira — 10 *E* esuillier

142. — 1-1 *B* Len doit sauoir; *E* Si dit on d. c. et s. veraiement — 2-2 *manque dans B* — 3-3 *manque dans B* — 4 *B* choses — 5 *E ajoute* i — 6 *manque dans B* — 7 *A* la — 8 *B* dou monde — 9 *A* toute — 10 *B ajoute* onques — 11 *B* se len contrefeit; *E* et se on contrefeist — 12 *E* ou daucune chasse — 13 *B* ou — 14-14 *E* veue et oie — 15 *B* ou daler — 16 *B* li — 17 *E* feist

143. — 1 *B* Ce que — 2 *B* c. ose — 3 *B* ja; *E* mie — 4 *B* est il apertement — 5 *B* et meins que de neant ne le pouoit il feire;

a la samblance de s'ymage, et li dona vie et franc arbitre
de quenoistre le bien dou mal [6]. Et sozmist a lui toutes
les autres [7] creatures terriennes, et [8] le mist en paradis
terrestre; et après il mesfit, dont il [8] fu en enfer; et de
la [9] le racheta il, si comme l' [10] Escriture le devise [11].

144. Assez a Dieus plus fait por les homes que por les
angres en plusors choses; car [1] il ne devint onques an-
gles, mais [2] il devint hons; et il n'ot onques pitié des
mauveis angres qui li mesfirent, [3] ne nul ne raeint ne ne
salva [3]; mais il [4] raeint et salva [4] home; et livra soi
meïsmes a mort [5] por home conduire en pardurable vie.
Et li angre aourent [6] home quant il aourent [7] Nostre
Seignor Jhesu Crit, qui est verais Dieus et verais hom.
Et se il a assez de [8] travaus et de [9] tribulacions en cest
siecle, ausis i a il mout [10] de biens et de joie, si comme
l'an puet veoir apertement, [11] et se il i eüst touz les
maus que l'an porroit [12] avoir, en tant po [13] com l'an
vit [11].

145. Queus comparisons est il de la vie de cest siecle,
qui est si corte, a la vie [1] pardurable et a la parfaite joie
[2] de paradis, dont la plus petite [2] d'une heure [3] est grignor
et plus profitable que toutes les joies [4] et tuit [5] li bien qui
furent [6] et seront [6] dès le [7] commancement dou siecle

E et moins de n. ne p. il e. — 6 A dun po de t. et li d. v. et f. a.
de q. le b. d. m. et le forma a sa samblance et a symage — 7 *man-
que dans B* — 8-8 A E apres ce li mesfit et — 9 B dileuc — 10 B
sainte — 11 E tesmongne

144. — 1 B que — 2 B si come — 3-3 B ne nus ne sen sauua
— 4-4 B sauua — 5 B *ajoute* et a martire — 6 *et* 7 E aourerent —
8 B se il a mout — 9 *manque dans B* — 10 B assez — 11-11 B
et si est tant poy come len vit et ait touz les maus que en pour-
ront auoir — 12 E m. con i p. — 13 *manque dans E*

145. — 1 A lame — 2-2 *manque dans B* — 3 B *ajoute* qui — 4
B choses — 5 *manque dans E* — 6-6 *manque dans E* — 7 E len

jusqu'a la fin? Et dellegier doit on [8] connoistre et jugier [9] que tot ce que Dieus en fist, est honor et profit. Car se la vie dou siecle est courte au bon, por tant va il plus tost [10] a la joie de [10] paradis; et, se ele est longue, de tant [11] puet il plus de bien faire et avoir greignor leu [12]. Et se il a tribulacions et povreté ou siecle, et parfet sa penance [13], il sera quites de la poine de purgatoire.

146. Et [1] Nostre Sires qui est parfaitement droituriers, ne viaut mie que l'an [2] ait si trés haut don [3] comme est la joie de paradis por noiant,[4] se ce n'est sens aucune [4] desserte; et si est la desserte trés [5] petite selonc la grandor dou guerredon. Et se li maus hom a longue vie, por tant [6] a il plus longue [7] espace de soi amander; et se il se repant par tens [8] et fait aucune penitance, moins en sera [9] en purgatoire; et se il s'amande [10] devant la mort, comment que il [11] soit de [12] longue penitance, en la fin sera sauvez [13].

147. Et por toutes les raisons devant dites, pueent [1] quenoistre [2] et savoir fol et sage [2] et toutes menieres de gens, por quoi Dieus fist home, [3] et quieus est l'oneur et li profiz et l'avantage que home i a; et bien est aparent que ce est la soveraine grace que il feist onques [3], quant il daigna home faire et home [4] devenir. Et de ce que li desesperé ou li mescreant dient que il n'i a autre siecle

---

— 8 B puet len — 9 A penser et cuidier — 10-10 B en — 11 B pourtant; E tout — 12 B lien — 13 B ajoute ou siegle

146. — 1 B Quar — 2 B que home — 3 manque dans E — 4-4 A s. c. nest par aucune; B senz aucune maniere de — 5 A trop — 6 E de tant — 7 B grant — 8 B et se il a par tant de respit se repant — 9 E fera — 10 B ajoute toute sa vie — 11 A ce — 12 B ajoute la — 13 B si sera saus en la fin

147. — 1 B doiuent — 2-2 et sauoir manque dans B; E et s. sage et fol et simple — 3-3 manque dans A — 4 manque dans A — 5 E

que [5] cestui, puet on legierement [6] cognoistre et prover
la verité [6], et effacier [7] lor mençonge; [8] quar l'en voit so-
vent que [8] les bons homes et les [9] religieus, les hermites
qui font les granz penitances, [10] et les bons crestiens [10]
loiaus [11] qui [12] font les bones oevres et [12] bien se con-
tiennent vers Dieu et vers le siecle, ont sovant plus de
persecucions et de maus en cest siecle [13] que n'ont li
mauvais et li delloial desesperé [14] : cil en cui sont [15] tuit
li malice et [15] toutes les [16] mauveitiez, cil [17] ont sovant
plus assez des biens temporeus que li bon [18].

148. Et se li un et li autre se pensassent [1] ainsis [2] que
il n'i eüst autre siecle ou chascuns fust paiez de sa des-
serte, donc ne seroit pas voirs ce que Dieus meïsmes dist,
qui est retrait en plusors leus, que nus biens n'est sanz
guerredon, ne nus maus [3] sanz poine. Et toutes les lois
seroient dementies; car li juif et neïs [4] li sarrazin
dient [5] et croient [5] que Dieus est granz et droituriers et
touz puissanz; et, se ce est voirs, donc i a il autre siecle
en quoi [6] il fornist droiture et as bons et as maus, de ce
dont ele n'est fornie [7] en cest siecle.

149. Et autre raison i a de viez et de noviau appa-
ramment [1], que li saint et les seintes qui ont eües toutes

de — 6-6 *A* prouer la verite et quenoistre — 7 *A* essaier — 8-8 *A*
quant lan voït; *E* car on voit que — 9 *B E ajoutent* bien — 10-10
*B* et les autres b. c.; *E* et les prodommes — 11 *manque dans B*
— 12-12 *manque dans B* — 13 *B* ont il souent mout de maus
et plus de persequcion ont en ces siegle; *E* o. s. p. de p. et plus
de m. e. c. s. — 14 *B ajoute* mescreanz et — 15-15, 16 *et* 17 *man-
quent dans B* — 18 *E* et cil en qui est tout mal et toutes mauuais-
ties ont souuent asseis plus de biens temporeis que nont li bon
148. — 1 *B* sen apenssassent; *E* sen passoient — 2 *manque dans
B* — 3 *A ajoute* sanz desserte et — 4 *manque dans A; B* meisme
— 5-5 *manque dans E* — 6 *E* auquel — 7 *B* ferme
149. — 1 *B* Et a. r. i a qui est parant de viel et de nouuel — 2

les [2] poines et les mesaises et les tribulacions en cest sie-
cle, li uns par penitance, li autres par martire [3], quant
il sont trespassé [4] de cest siecle, [5] bien est apparant qu'il
ont en l'autre le [6] guerredon de saintefiement. Car en
cestui siecle [5] fait Nostre Sires après la mort [7] granz mi-
racles por aux; et ce savons nos par les anciens et par
les escritures [8], et de çaus de noz tens par veüe et oïe.
Et ce qui est devant dit casse bien et efface la mescrean-
dise et la desesperance de çaus qui dient qu'il n'est autre
siecle [9] que cestuy en quoy nous somes [9].

15o. Après orrez [1] des nices crestiens qui nicement
vont à la messe et nicement s'an partent; ce sont cil qui
se partent dou monstier [2] si tost comme l'evvangile est
dite [3]. Droiz est que on lor face entendre que il ne sevent
que il font; car adonc.[4] commance la messe, quant li
prestres dit les paroles sacrées [5] antre ses denz; et quant
il lieve le cors Nostre Seignor [6] antre ses mains [6] et le
monstre aus genz, adonc le doit on aorer [7] et saluer [8], et
estre devant lui tant comme il est en la place, c'est tant
que la pais soit donée et [9] que li prestres l'ait usé.
Et lors ont sa [10] pais, et [11] part ont ou sacrement [11] tuit
cil qui i [12] ont esté, tant [13] comme il doivent, tant que ce
soit parfet, [14] et après s'en puent partir. Et qui i de-
meure tant que l'an dit [14] : *Ite missa est*, [15] adonc

E lor — 3 *B ajoute* et par pluseurs autres manieres de bien faire
— 4 A departi — 5-5 *manque dans B* — 6 E b. e. a. que il sont en
lautre siecle et ont le grant — 7 E *intervertit* Car apres lor mort
fait n. s. en cestui siecle — 8 A par les anciennes escritures —
9-9 *manque dans A E*
15o. — 1 *B* Or vous dirai — 2 *B* qui sen partent — 3 *B* si tost
com il ont oie lesuangile — 4 *B ajoute* a primes — 5 *A* les saintes
paroles — 6-6 *manque dans B* — 7 A loer; E saluer — 8 A
sauuer; E aoureir; *B ajoute* deuostement — 9 A *ajoute* tant
— 10 *B* la — 11-11 A p. en son sagrement; E partent ou sacre-
ment — 12 *B* la — 13 E si — 14-14 *manque dans A; E* et apres
sen..... et q. i demeure jusques en la fin que on dit — 15-15 *man-*

s'an vont [16] par congié. Et l'an doit savoir que [17] messe
est atant comme mandée, et quant l'an dit : *Ite missa
est* [15], c'est a dire : Aleis, [17] que l'eure dou sacrement est
mandée devant Dieu ou [18] ciel.

151. Et ancor i a autres choses plus perilleuses : car [1]
cil qui ne randent ce qu'il doivent a la vie ou [2] a la fin,
et qui en nule meniere ne s'aquitent [3] de leur mesfaiz [3],
Nostre Sires s'an paie si cruelment [4], qu'il sueffre et
commande que les ames [5] soient en enfer. Et cil qui
ne s'aquitent a nature [6] a droit et a point et au tens
devant dit, sont honni [7] a Dieu et [7] au siecle en lor vie,
et après lor [8] mort. Toutes les bones choses et les resna-
bles, ou les greignors parties [9], se font et doivent faire par
droit ou moien aage, car adonc [10] doit estre li [10] pro-
posemenz d'[11] ome ou [12] de [13] fame [14] ou [15] plus haut
estat [14] et ou [16] plus fort et ou [17] meillor qu'il puist
estre.

152. Lors se doivent randre en religions [1] cil a cui
Dieus en [2] done grace et volanté, car se [3] il pueent et
sevent estre obediant a lor soverains, et bien tenir lor ri-
gle [4], par droite [5] raison de quenoissances et de toutes au-
tres bones [6] amprinses, [7] il doivent savoir [7] venir a bon [8]

---

*que dans E.* — 16 B sen va len — 17·17 B lte missa est est
autant a dire comme mandee ce est alez vous en; aleis *manque
dans A* — 18 B et transmise en
　151. — 1 B que — 2 B et; E ne — 3-3 *manque dans A*
— 4 B crieusement — 5 B *ajoute* deus — 6 A *ajoute* et; E
et c. q. ne samende ne saquite a n. — 7-7 *manque dans A B* — 8 E
a la — 9 B auec la greigneur partie — 10-10 B est ou d. e. li;
E est ou droit — 11 *manque dans E* — 12 E et — 13 *manque
dans E* — 14-14 *manque dans E* — 15, 16 *et* 17 B en
　152. — 1 E L. si doiuent estre religious — 2 B a — 3 *manque dans
B E* — 4 B ruelle — 5 *manque dans B* — 6 *manque dans A*
— 7-7 B dont len sauroit; E doit on sauoir . — 8 *manque dans B* —

chief. [0] Et de toutes autres amprises [9] et de toutes males
oevres [10] se doit on [10] garder [11] et deffandre ; et se doit
on retraire de folie, se on en est entechiez.

153. Tuit cil qui ont grace de quenoissance, doivent sa‑
voir que l'an ne [1] doit passer le lonc d'un jor [2] et d'une [2]
nuit enterinement [3] oiseus ; car il i a .IIII. choses ge‑
neraus que l'an doit faire chascun jor sanz faillir, se par
droite essoigne ne demeure ; et plusors autres en i a au‑
cunes [4] dou jor [4], et autres qui sourdent de noviau [5],
que l'an doit delivrer viguereusement, quant leus et tens
en est [6]. Li jors et la nuiz ansamble sont parti [7] par mi [7] :
c'est [8] de la mienuit jusqu'a demi jor, et de demi jor
jusqu'a la mienuit, et en chascune partie est devisé que
l'an doit faire ; ce est à savoir que si tost comme l'an
s'esvoille [9] après la mienuit, a [10] quele ore que ce soit,
avant que l'an se lieve, on doit faire le signe de la [11] croiz
en [12] sa chiere par [13] .III. foiz ou [14] nom de la [15] Trinité,
et après doit on dire :

154. « Biaus sire Dieus omnipotens, loez et graciez
soiez vos, et beneoiz de vos meïsmes [1] et de toutes voz
creatures celestiaus et terriennes en touz voz commande‑
manz [1] et en toutes voz oevres ! Et je [2], pechierres non
dignes, que vos daignastes creer et faire, et desferez quant
vos plaira [3], vos ai trop mesfet, dont je [4] me repent
et [4] vos [5] promet [6] amendement ; et vous cri [7] merci et

9-9 *manque dans B E* — 10-10 *manque dans B;* on *manque dans*
*E* — 11 *A ajoute* sauuer
153. — 1 *manque dans B* — 2-2 *B* a dire — 3 *manque dans A* —
4-4 *manque dans B* ; *E* de jor — 5 *E* qui sordent de nuit —
— 6 *E* iert — 7-7 *manque dans E* — 8 *A* et est — 9 *E* q. si tost com
on se lieue et esueille — 10 *manque dans E* — 11 *A ajoute* sainte
— 12 *B* sus — 13 *manque dans B* — 14 *A* en — 15 *E ajoute*
sainte
154. — 1-1 *manque dans B* — 2 *B ajoute* li — 3 *A* q. vos voudrez;
*E ajoute* je — 4-4 *manque dans A* — 5 *manque dans E* — 6 *E*

requier pardon, et proi la glorieuse [8] Virge Marie, nostre
saintime mere, et touz sains et toutes saintes, que il [9] vos
prient que vous [10] me pardonez mes [11] mesfaiz et mes
fautes [11] et me [12] desfandez de pechié, et me donez grace
que je vueille et sache [13] et puisse en cest siegle mortel [14]
desservir la vie pardurable de l'autre ! Amen [15]. »

155. Si tost comme on a ce dit, doit on penser enten-
tivement quel chose on devra [1] faire de besoigne et porra
faire [2] en celui jor, soe ou autrui, qui a lui ataingne, ou
d'un [3] commun profit de [4] païs, tant comme a lui en [5] af-
fiert [6]. Et se [7] doit on estudier de choisir [8] et trier le [9]
meillor, et asseoir et affermer [10] en son cuer la meniere
en quoi [11] on [12] voudra esploitier, et dire la [13] par .iii.
foiz [14] afferméement por miaus retenir.

156. Et puis quant on se lieve, si doit on faire au ma-
tin [1] les .iiii. choses qui sont generaument de chascun
jor, dont les .ii. sont [2] de l'ame, et la tierce dou cors, et
la quarte de chevance. La premiere est d'aler au montier
oïr [3] la messe et [3] le servise Nostre Seignor deligemment,
et faire [4] oroisons et proieres, teles comme l'an seit, en
droit [5] de penitance. La seconde est de faire aucunes au-
mosnes, selonc soy [6], qués qu'eles [7] soient [8], granz ou pe-
tites, [9] se ce n'estoit nès que d'un denier [9].

preng — 7 A pri; E quier — 8 glorieuse *manque dans* A — 9 et 10
*manquent dans* A — 11-11 A mesfaiz; E fautes — 12 *manque*
*dans* E — 13 B face — 14 *manque dans* A — 15 B cest la joie
de paradis
155. — 1 A doit — 2 *manque dans* A E — 3 *manque dans* A;
B de — 4 A ou de; B dou — 5 en *manque dans* A — 6 E atient
— 7 A si — 8 A des choses — 9 A la — 10 A *ajoute* la meillor —
11 A en quel leu; E par coi — 12 A B il — 13 *manque dans* A;
B le — 14 B *ajoute* en son cuer
156. — 1 B q. len se l. le matin, si doit len feire premierement;
E le matin — 2 *manque dans* B — 3-3 *manque dans* A E — 4 B
*ajoute* ses — 5 A E ou doit — 6 A ce — 7 s. s. q. q. *manque dans* E —
8 E soit — 9-9 *manque dans* B; E celle ne fust neis que dun denier

157. Après [1] doit on aler a son ostel et metre aucun conroi et aucun [2] amandement en [3] son cors, queus que il soit, [4] granz ou petiz [4], se il n'eüst [5] ores plus a faire que de roignier ses ongles ; et puis se doit porveoir d'aucune [6] chevance, selonc ce que besoigs le requiert de faire aucun amendement en [7] son ostel ou en sa terre [8], [9] ou il sera, ou [9] autre afere, selonc ce que l'an a [10]. Et tout ce doit on faire [11] bien matin [12] ; après doit on entendre viguereusement sanz delai [13] as choses que l'an a assises en son cuer et pensées, ainz que l'an se [14] levast dou [15] lit, et as autres qui puis sont sorses [16] par accidant [17], s'eles sont hastives, se [18] aucune en i a.

158. La plus courte voie [1] qui soit [1] a delivrance [2], si est que l'an antende au fait sanz peresse ; car en faisant, parfet [3] on ; et en chaçant [4], ataint [5] l'on [5] ; et qui ataint, si prant, et qui puet prendre, et il [6] respite a l'andemain, tieus chose puet avenir que jamais n'i ataindra [7], et tieus se cuide esparnier qui s'ancombre. Ce [8] avient a touz ces qui dient : « Laissiez ce [9], autre foiz j'entendrai [10]. » Et tieus i a [11] qui dient : « Je commanderai que cil face tel chose [12]. » Et quant ele [13] est maufeite, si s'an corroucent ; et ainsis demourent ancombré longuement [14] des choses qu'il peüssent feire [14].

---

157. — 1 *A* Et — 2 *manque dans B* — 3 *B* a — 4-4 *manque dans B* — 5 *A* nauoit — 6 *A* dautre — 7 *B* a — 8 *B* ou en austre — 9-9 *A* que la ou en aucun — 10 *B* s. ce que lieus est — 11 *B* Et tout si doit estre parfeit — 12 se il neust ores p. a. f..... bien matin *manque dans E* — 13 *B* et puis se doit len bien viguereusement sanz delaier entendre — 14 *manque dans A* — 15 *B* de son — 16 *A* sor telz ; *E* sordues — 17 *B* entendement — 18 *manque dans A*

158. — 1-1 *manque dans B* — 2 *A intervertit* a d. q. s. ; *B* de del. — 3 *E* fait — 4 *B* chantant — 5-5 *manque dans B* — 6 *manque dans A B* — 7 *A* qui jamais nauendra — 8 *B* Et touz ce ; *E* Et — 9 *A B* or — 10 *B* i entandrons ; *E* jataindrai — 11 *B* Autresi i est il aucuns — 12 *A* Je c. q. c. le face ; *B* Je c. a touz tel chose — 13 *A* la chose — 14-14 *manque dans A E*

159. Luquans dit que [1], quant Julius Cesar enprenoit
une chose, il [2] ne cuidoit riens avoir fait tant comme il
i [3] eüst riens a faire. Tout ce que l'an doit faire le jor
[4] de besoingne [4], doit l'en [5] avoir [6] parfeit a mi jour [7];
car après [8] que l'an a beü et mangié, doit on reposer une
heure; et après se doit on delitier en aucune autre [9]
chose, por avoir remede et repos en son cuer, et aaisier
soi sanz pechié et sanz honte, et estre la vesprée ancon-
tre [10] la gent por veoir et oïr et aprendre et dire et faire
aucun bien honoréement, selonc ce que Dieus li [11] a doné
de sa [12] grace.

160. Et la nuit doit reposer qui puet, au moins jus-
qu'a la [1] mienuit; ceste devise n'est pas as laboreurs, ne
as povres gens de mestier, qui por lor vivre le font au-
trement [2] par estovoir, [3] ne a ceus [4] qui par destresce de
seignor sont en commandement ou [5] en servage, ne as
gens de penitance [3], ne a ceus qui [6] par les [6] commande-
menz [7] et les establissemenz [7] de sainte Eglise [8] le [9] font
autrement.
[10] Aprés orroiz des fames [10].

161. Les fames de moien aage doivent estre absti-
nanz [1], et [2] savoir garder lor anfanz et norrir et crois-
tre [3], et porfitier lor [4] biens et contenir soi [5] simplement,
sanz granz despans, por aidier a lor mariz [6], s'eles les

159. — 1 manque dans A E — 2 manque dans E — 3 manque
dans B — 4-4 manque dans A — 5 A d. on — 6 Tout ce q. l'an...
l'en auoir manque dans E — 7 A au jor — 8 A E ajoutent ce —
9 manque dans B E — 10 B et a la vespre estre entre; E et la
vespreie estre entre — 11 manque dans E — 12 manque dans B
160. — 1 manque dans B E — 2 manque dans A — 3-3 manque
dans B — 4 A n. aucun — 5 A ne — 6-6 A les — 7-7 manque
dans A B — 8 B ajoute ont les establissemenz si — 9 manque dans
A — 10-10 manque dans B
161. — 1 B mout ententiues a bien faire — 2 B ajoute bien dei-
uent — 3 B cognoistre — 4 A B les — 5 B eus — 6 B barons —

ont, et a lor [7] anfanz [8] et a leur filles [8] marier, s'eles
les ont, et a leur [7] autres povres [9] paranz et [10] amis [11],
selonc lor pooir, sauves [12] lor honors [13] et lor ames ; car
tout devant ce, dou pooir que Dieus lor a doné, doivent
eles faire aumosnes [14] des biens qu'eles ont [14], por [15] amor
de [15] çaus qui les gaaignierent [16] et por eles meïsmes; et
lor pechiez doivent laissier, et venir a amandement. Et
celes qui ont fait folies de lor cors en jovant, s'eles ne
s'amandent lors en [17] moian aage, jamais ne s'amande-
ront, et [18] seront parfaitement honies vers Dieu et vers
le siecle.

162. Et bien lor porra avenir ce qu [1] 'avint jadis d'une
fame [2] qui fut mout bele, [3] et si estoit fole et pecher-
resse, et por sa grant biauté on li donnoit molt [3]. Une foiz
avint que uns hons qui [4] la covoitoit a avoir, li [5] fist
faire .i. bel [6] quenivet dont li manches et la gaïne es-
toient aorné trop richement d'or [7] et de perles [7] et de
pierres precieuses; ainsis li presanta, et ele fist son gré [8].
Mout ama le quenivet, et l'estuia et le mist [9] en une
huche; mout le regardoit sovant [10], et en tele melancolie
en antra [11] et fu en tele covoitise d'autres avoir qu'ele
demandoit a chascun de çaus qui la voloient [12] avoir .i.
quenivet. Et chascuns li donoit le plus bel et le meillor

7-7 *manque dans A* — 8-8 *manque dans E* — 9 *manque dans A*
— 10 paranz et *manque dans E* — 11 B *ajoute* seles les ont — 12 B
sauuent; E souuent — 13 B hernois — 14-14 *manque dans A* —
15-15 *manque dans B E* — 16 A q. le gaaignent — 17 B ne sam. ou
— 18 E ains
162. — 1 B Et b. l. pourroit a. ce que len dit qui; E Et si l.
p. bien a. ce quil — 2 B dune fole fame pecherresse — 3-3 A e. s.
e. f. et p. et par sa gr. b. lan lamoit ; B et pour sa grant biaute li
donoit len mout pour li auoir — 4 B E *ajoutent* trop — 5 *man-
que dans A* — 6 B .i. mout biau; E .i. trop biau — 7-7 *manque
dans A E* — 8 E et celle fist lou grei — 9 E et le garda et les-
tuia — 10 B M. a. le kaniuest, et le regardoit souent ele lestuia
en vne grant huche — 11 E et entra dans vne teil melancolie — 12

qu'il pooit avoir, car tuit voloient faire son gré por li avoir [13]; tant en i ot que la huche fu toute [14] plaigne.

163. Et quant ele vint ou moien aage, de riens ne s'amanda ne [1] aquita vers Dieu ne ver nature; ele ampira de sa biauté, si [2] comme les [3] plusors font; li doneor des quanivez s'an retraïstrent et alerent [4] as plus jones. Cele [5] qui estoit en sa [6] male volanté de pechier se paroit et cuidoit estre bele par desquenoissance; si se [7] correca, quant nus a li ne [7] venoit. [8] Atant avint qu' [8] ele anvoia [9] querre .1. de çaus qui plus li plaisoit, et por doute de faillir li [10] anvoia en presant [10] .1. de ses [11] quanivez; cil vint por le loier une foiz et puis n'i revint [12]; et cele s'an [13] correça et anvoia [14] .1. autre quanivet a [15] .1. autre home [16]; cil fist autel [17] com le premier. Et si comme ele ampiroit de sa biauté por [18] l'aage ou ele estoit, et les jones gens i venoient plus a [19] enviz, toute voie tant en manda et tant en [20] vint que ele randi [21] toz ses [21] quenivez [22] et dona [22], ains qu'ele fust vielle [23]. Et quant ele commença a anviellir, si covint qu'ele donast le plus bel et le meillor [24] et quanque ele avoit de [24] chatel, por son pechié maintenir.

164. Cest reproche et cest example dure et durra [1] a la honte de celles [2] qui ne s'amandent ou moien aage [3] ne

B ch. qui la vouloit — 13 B quar chascuns vouloit auoir son gre — 14 *manque dans B E*

163. — 1 B *ajoute* ne s — 2 *et* 3 *manquent dans* B — 4 A alierent — 5 B Et; E Elle — 6 sa *manque dans* A; E encor en sa — 7-7 A c. q. nus. ni; E corosoit que nus ni — 8-8 A Et quant — 9 B E menda — 10-10 B menda; E enuoia. .1. present — 11 E .1. des — 12 E vint — 13 B E elle se — 14 B menda — 15 B pour — 16 *manque dans* B — 17 B autretel; E c. en fit autreteil — 18 E de — 19 *manque dans* B E — 20 E *ajoute* i — 21-21 B les — 22-22 *manque dans* B — 23 E elle rendit et donna tous les quanives ainz que elle fust en viellesce — 24-24 E de son

164. — 1 B *ajoute* touz jourz — 2 A celz — 3-3 *manque dans* B

ne laissent le pechier [4]; et quant on voit aucune qui
ne s'amande en cel [5] aage [3], si dit on qu'ele rant les que-
nivez. Et Dieus par sa misericorde [6] en desfande toutes
franches fames, et especiaument celes dou meian aage,
et lor doint grace de droite quenoissance por venir a
amandement et perseverer [7] en [8] toz biens [9], a l'onor et [9]
au profit de lor cors et de lor ames, et de lor mariz et
de lor anfanz, [10] se eles les ont [10], et de lor autres amis
et paranz!

165. Tuit cil et toutes celes qui quenoissent et aim-
ment Nostre Seignor et prisent honor et doutent honte,
s'amandent et adrescent et esploitent bien por aus et
por les lor et por ceus [1] qui les croient, en l'aage devant
dit. Et Nostre Sires Dieus, qui tout set [2] et puet, par sa
douce [3] pitié en doint [4] grace de volanté et de pooir a
touz ceus et a toutes celes a [5] cui il la daignera et voudra
doner [6]!
  [7] Atant se taist li contes dou moien aage, et [8] parlera
de viellesce [7].

## IV

166. Viellesce, qui est li [1] darriens tens et la fins [2] de
l'aage [2] de touz ceus et de toutes celes qui vivent tant
qu'il deviennent viel, est mout perilleuse chose et don-

— 4 *E* ne ne se recroient de p. — 5 *E* a. q. donne en teil —
6 *A ajoute* si — 7 *manque dans E* — 8 *E* a — 9-9 *manque dans*
*E* — 10-10 *manque dans B*
  165. — 1 *B* touz ceus — 2 *A* fait — 3 *E* sainte — 4 *A* doiuent
— 5 *manque dans A B* — 6 *B* cui il la vourra doner et deignera
— 7-7 *manque dans B* — 8 *E* si
  166. — 1 *manque dans A* — 2-2 *manque dans B* — 3 *A* et —

gereuse. Car ja soit ce que toz jors ait on grant besoig
de la grace Nostre Seignor, en [3] viellesce est [4] li grei-
gnors besoigs [5] por bien finer ; et toz jors dit on qu'*a la
bone fin va tout* [6]. Et por ce que connoissance et soutil-
lece [7] naturel et memoire [8] commance a faillir et a [9]
amenuisler [10] plus et plus, et a la fin anoiandt se l'an
devient trés viaus, il [11] est outréement [12] mestiers que l'an
ait la grace de Dieu, [13] se il la viaut et daigne prester [13].

167. Mais por la fiance de la grace ne se doivent li vie
aparecier [1] ne laissier corre le tens, car adonc avient [2] ce
que l'an dit que li viel revienent en anfance [3]. Il se
doivent pener et traveillier de bien faire de [4] tout lor
pooir, especiaument [5] as ames sauver [6] ; de jor et de nuit
doivent [7] randre graces a Nostre Seignor, qui tant lor a
doné d' [8] espace de venir a amandement. Et de tant
comme il lor est demoré [9] de memoire, le [10] doivent gra-
cier [11] et esploitier en bien [11], tant comme ele dure ; et
toz jors doivent avoir en remembrance que il sont sor
l'ourle [12] de lor fosse, et que tel come [13] i seront [14] a
l'eure que il cherront dedanz, tel guerredon avront.

168. Et toutes les choses terriennes que il n'avront des-
pendues ne mises [1] por Dieu [1] au sauvement de lor ames,
ne lor vaudront [2] rien ; ainz porra avenir que li bien [3],

4 *manque dans* B — 5 E *ajoute* de bien faire — 6 B que la bone fin
vest tout; E que la bone fin vat de tout — 7 B souenence; E
sobtillance — 8 et mem. *manque dans* A ; B et naturel memoire
— 9 *manque dans* A — 10 B *ajoute* touz les jourz — 11 *manque
dans* A ; E si — 12 A out. est — 13-13 B sil li pleit quil la d. p;
E se il la daingne donneir et veut presteir
167. — 1 A apeticier — 2 A vient — 3 A que la vielle vie vient
en anfance ; B a enf. — 4 E de — 5 A E meesmement — 6 E *ajoute*
et — 7 *manque dans* E — 8 *manque dans* B — 9 B E remeis —
10 E et — 11-11 *manque dans* B — 12 B seur leur — 13 A home
— 14 B il se troueront
168. — 1-1 *manque dans* B — 2 E vaura — 3 B q. des biens tem-

4 qui furent leur [4], feront mout de mal et de pechié a [5] cels qui les avront. Et lor jones fames [6], se il les ont, les donront et departiront volantiers a lor jones mariz qu'eles prandront, ou a autres jones qui les [7] acointeront, se eles sont mauveises.

169. Et chascuns [1] d'aus [1] se doit mirer aus anfanz et as parans [2] de çaus [2] qui trespassé sont en lor tens, qui ont poy fait de bien [3] por lor ames ou noiant, et ainsis feront [4] li lor por aus. Mout est fous cil qui ne done par [5] sa main de ses biens grant partie, por s'ame sauver. Car la jone fame ou li [6] anfant dou viel home [7], ou li autre a cui ses avoirs doit escheoir, souhaitent [8] touz jors sa mort por avoir l'escheoite [9] a [10] [11] joïr de li [11], non mie [12] por [13] doner por l'ame de li.

170. Li viel doivent mout mesprisier le siecle, [1] et bien doivent savoir [1] que assez i a de quoi; car il ont veües [2] et essaïes [3] toutes les [4] menieres de [4] tribulacions, de despiz et [5] d'angoisses et de dolors, et [6] de pertes et de travaus qu'il ont eüz [7] en touz les .III. [8] tens d'aage qu'il ont passez, et autant en [9] celui en quoi il sont [10], comme il ont ja [11] esté viel.

171. Et en l'espace desus dit, ne [1] puet estre que l'an

porieus; E q. des biens — 4-4 A quil firent — 5 *manque dans B E* — 6 A dames — 7 B queles

169. — 1-1 *manque dans E* — 2-2 *manque dans B* — 3 A qui ont bien fait por dieu et — 4 A seront — 5 B E de — 6 B les jeunes — 7 *manque dans B E* — 8 B couoitent; E souhaideront — 9 B E p. a. ses biens — 10 B et; *manque dans E* — 11-11 B joir et; *manque dans E* — 12 B mien; *manque dans E* — 13 B a

170. — 1-1 *manque dans B* — 2 B il ont oies et v.; E il ont veues et oies — 3 B *ajoute* et eschiuees — 4-4, 5 *et* 6 *manque dans E* — 7 B que il orent — 8 A .IIII. — 9 B E et en tant de — 10 E *ajoute* tant — 11 A la

171. — 1 A *ajoute* ne; B E des. nonme ne — 2 B E et mal mis —

n'ait perdu mout de ses amis, et autres pertes faites, et gasté mout [2] dou sien et de l'autrui, et eü povre guerredon et mauveis d'aucun servise que il a [3] fait; [4] et bien puet estre qu'il a mal guerredoné çaus que l'an li a faiz [4]. Et a poines i a nul [5] qui n'ait fait mal ou [6] domage et honte a autrui, et autres a lui; et [7] qu'il ne soit [8] amandé ou laissié de pechié, sa conscience le [9] remort, et en est en grant bataille en son cuer, se il n'est fous ou desesperez [10].

172. Et trop puet on avoir mesdit et mesfet [1] ou tens passé; et tant i a de perilz et de maus [2] et de reproches ou fait dou siecle, que trop i avroit a dire, et trop en doivent estre li viel añuié; et por ce doit on [3] mout haïr et mesprisier le siecle et haster soy [4] d'amander toz ses mesfez. Et bien doit [5] l'en [5] connoistre que

Cist siecles est une bataille [6],
Qui plus i vit, plus se [7] travaille,
Et l'ennemis [8] met tout en taille.

Et il [9] covient que l'an [10] rande compe a Nostre Seignor; et li princes d'anfer qui est princes dou monde orra le conte, [11] pour les pechiez que l'en i a feiz [11], et se il a droit en l'ame, Nostre Sires est si [12] droituriers que ja tort ne l'an fera. Et por toutes ces raisons et mout d'autres doivent li viel mesprisier outréement [13] les fez de cestui [13] siecle, et tirer et entendre a la vie pardurable

---

3 *B* ait — 4-4 *manque dans B* — 5 *B ajoute* ne nulle — 6 *A B* et — 7 *A* ou — 8 *B* qui ne set amende; *E* qui ne cest amendeis — 9 *B* len — 10 *B ajoute* ou hors de son sen

172. — 1 *B ajoute* en enfance; *E* m. ou m. — 2 *E ajoute* et de honte — 3 *manque dans A* — 4 *A* et lui haster dam. — 5-5 *manque dans A* — 6 *A ajoute* et dit que; *E ajoute* et — 7 *B* i; *manque dans E* — 8 *A* et li anemis — 9 *E* si — 10 *B ajoute* en — 11-11 *manque dans A E* — 12 *manque dans B* — 13-13 *B* cest — 14 *B*

qui est en l'autre [14]; car la vie de cest siecle ont [15] presque perdue.

173. La vie dou bon [1] viel n'est que travail et dou-lour, et por ce dit on que l'an ne doit mie [2] demander au viel : « Vos dolez [3]? » Mout'est grant honte au viel de contrefaire le jone, et especiaument de fame panre es-pousée; car s'il la prant jone, toz jors doit cuidier que li jone home [4] l'amportent; et se il la prant vielle, .II. porretures [5] en .I. lit ne sont mie [6] afferables. Et se il est luxurieus de quelque fame que ce soit, trop i a vilain pechié et outrageus [7] de volanté sanz besoig; car se la volantez i est, li pooirs n'i est mie, et mout est ma-leüreus li viaus qui s'efforce de pechier, la ou il se deüst efforcier d'amander [8].

174. Et qui ce fait, il est honniz vers Dieu et vers le siecle, et l'an dit que Nostre Sires het mout .III. menieres de pecheurs [1] : viel luxurieus, povre orguilleus, et riches couvoitous [2]. Viaus luxurieus doit bien estre haïz [3] par les [4] raisons devant dites et par trop [5] d'autres. Et li po-vres orguilleus est mesprisiez et en grant [6] peril de rece-voir grant honte et grant mal par les riches [7] dou siecle a cui il a a fere, ou par [8] les [9] plus puissanz et les [10] plus har-diz de lui. Et se [11] viaus est orguilleus [12], c' [13] est trop granz despiz, car se il [14] fust riches d'avoir, si est il po-

ajoute siegle — 15 *B* quar la voie de cestui ont ils; *E* c. la v. de cestui

173. — 1 *BE* bien — 2 *A* mais — 3 *B* ajoute vous; *E* ajoute vous mais ou vous doleis vous — 4 *manque dans E* — 5 *A* porteures — 6 *A* pas — 7 *A* outrages est — 8 *A* la ou il se deust am.; *B* la ou il se deuroit efforcier de bien feire et damender sa vie

174. — 1 *A* luxure — 2 *A* mendians; viel lux....... r. couvoitous *manque dans B* — 3 *E* V. l. est hais et doit estre — 4 *A* .II. — 5 *B* mout — 6 *manque dans A* — 7 *A B* richesces — 8 *B* pour — 9 *et* 10 *manquent dans E* — 11 *B* quant — 12 *E* luxurieus —

vres [15] et non puissanz [15] de cors et de pooir, puisque il est viaus. Et chascuns viaus devroit estre humbles dou tout [16], et noiant [17] orguilleus.

175. Et Damedieus [1] het mout [2] les povres et les riches orguilleus et les outrecuidiez; et bien i pert, car la plus haute justice et la plus aspre vanjance que il onques feïst, fist il de pechié d'orgueil et d'outrecuidance, quant il trebucha dou soverain ciel ou plus parfont abisme d'anfer Lucifer et touz les mauveis angres qui furent de sa suite, porce qu'il s'anorguillirent. Et cil qui estoient si trés bel [3] en cele heure [3], avant [4] que orguiaus se mist en aus, descendirent de la haute clarté es tenebres d'anfer le pesme; et furent [5] tantost et sont [5] et seront touz jors [6] .c. mile tens plus laides creatures [6] que ne sont li plus [7] laides peintures [7] de lor ordes figures.

176. Tuit li sage se sont toz jors gardé [1] d'orgueil en dit et en fait, et mout de biau dit en sont retrait es livres des [2] autors, [3] que li sage disoient es faiz des homes [4] et as [5] granz parlemenz et [6] granz consaus [3]. Et por ce qu'il seroit anuiz, et longue chose [7] de dire [8] trop, li contes vos [9] an retraira [10] .1. que Agamenon, li chevetains [11] des Grezois [11], dist au siege de Troie [12] :

13 B si — 14 B car si — 15-15 *manque dans A E* — 16 B *ajoute* et en toutes manieres de genz — 17 B non mie
175. — 1 E Car diex — 2 *manque dans E* — 3-3 *manque dans B* — 4 *manque dans A E* — 5-5 *manque dans B; et sont manque dans E* — 6-6 *A intervertit* p. l. cr. .c. m. t. — 7-7 *A* lait en figure
176. — 1 B Touz les autres se deiuent garder — 2 B E *ajoutent* hystoires et des — 3-3 *manque dans B* — 4 E armes — 5 *manque dans A* — 6 E *ajoute* as — 7 A *ajoute* seroit — 8 E *ajoute* en — 9 A nos — 10 E dira — 11-11 *manque dans A* — 12 E *intervertit* q. agamahon dist au siege de troies qui estoit cheuetains des grigois

177.   Seignor, dit il [1], monstrer vos vueil
       Que mout [2] doit on haïr orgueil :
       Qui par orgueil vuet oevre [3] faire,
       Il n'an doit pas a bon chief traire [4].
       Contre .i. ami ou contre deus,
       [5] Que puet avoir uns [5] orgueilleus,
       S' [6] a il .c. annemis mortaus ;
       Ce est des nices [7] li plus maus [8]
       Qui en orgueil se fie et croit.
       S'il l'an meschiﾑt, ce est a droit [9].
       Raisont, et sens est [10] bien [11] paroil,
       Doit governer nostre consoil ;
       Car Dieus n'ot onques d'orgueil cure :
       Chascuns doit douter desmesure.

178. Riches covoiteus est bien a droit [1] haïz de Dieu
et de la gent ; car ja tant n'avra que il soit saouz, mais
toz jors covoite plus a avoir. Et cil n'est mie riches qui
ne se tient a paiez [2], mais adès covoite ; autant li vau-
droient pierres comme sa richesce. Et quant viaus riches
est d'autre [3] avoir covoiteus, il devroit estre [4] jugiez
comme herites [4] ; car vieus doit estre larges [5] dou sien [5],
et non covoiteus de l'autrui [6]. Larges doit il estre a
Dieu et a la gent : ce est a doner as povres [7] pour Dieu [7],
et secorre [8] les besoigneus [9] por s'ame sauver. Et bien
doit aucune partie [8] dou sien doner [10] par honor et por
raison naturel aus siens et a çaus qui l'ont servi ; car jone
ne [11] viel ne doivent [12] retenir autrui desserte, ains doi-

177. — 1 BE fait il — 2 B trop — 3 A le mal ; B honte — 4 B
venir — 5-5 A Qui ne puet auoir — 6 manque dans B E — 7 E
vices — 8 B vieuz — 9 B E Si len meschiet cest a bon droit
— 10 A sont — 11 bon
178. — 1 B doit bien estre — 2 B pour paie ; E ajoute et puisquil
ne se tient a paies — 3 E dautrui — 4-4 B hars ausin come sil
fut enragiez — 5-5 manque dans B — 6 B et n. couuoitier lautrui
— 7-7 A dou sien — 8-8 manque dans E — 9 B ajoute dou sien —

vent randre bon [13] guerredon a çaus qui les ont serviz, selonc le servise des serveors, et selonc aus [14] meïsmes, en tel meniere que lor honors i soit sauve [15].

179. Et mout est gracieus cil qui en sa viellesce s'a-dresce et [1] amande [2] a l'onor [3] de lui et des siens [4] et au sauvement de s'ame [4]. Et bien est apparant que Dieus l'a maintenu en bone memoire et en bon estat de pooir et de tout, [5] quant il, ou darreen [5] tens de son aage et ou poieur, se puet et set aquiter vers Dieu et vers le sie-cle de touz [6] ses mesfaiz de la simple anfance et dou pe-rilleus jovant, et quant il seit et puet amander en viel-lesce ce que il n'amanda ou meillor estat de l'aage, ce est ou [7] moien; et mout le doit on faire volantiers [8] et par raison [8] qui puet.

180. [1] Chascuns doit [2] prandre exemple [3] a ceus qui se [4] partent d'une vile [5] ou d'un païs [5], et vont en autre; [6] si se travaillent devant leur muete d'aus aquiter et de païer lor dete [6]; et por doute qu'il n'aient aucune chose obliée, il font crier le ban que tuit cil [7] a cui il doivent riens, vai-gnent avant, si [8] seront paié; et ce meïsmes font aucun malade. Et quant l'an fait tel chose, por doute que [9] l'an a, quant [9] on se remue [10] d'un [11] païs en autre, ou par doute de maladie en quoi [12] il n'a mie grant [12] peril de mort [13], mout le [14] doivent miaus fere par raison li viel,

10 *manque dans* E — 11 B et — 12 B doit — 13 A le — 14 A cax — 15 B *ajoute* et quil nen aient pechie; et selonc ......... sauue *manque dans* E

179. — 1 A en — 2 E samende — 3 E *ajoute* et au profit — 4-4 *manque dans* B — 5-5 B quanquil desirre aus — 6 *manque dans* A — 7 B E le — 8-8 *manque dans* B

180. — 1 B *ajoute* Quar — 2 B puet — 3 A garde — 4 *manque dans* A — 5-5 A et dun p.; *manque dans* E — 6-6 *manque dans* B; E si se tr..... et de p. ce quil doiuent — 7 B touz ceus — 8 B et il — 9-9 *manque dans* B — 10 B mue — 11 B dou — 12-12 B na pas — 13 et ce meïsmes f..... g. p. de mort *manque dans* E — 14

qui doivent estre certain de partir dou siecle prochien-
nement, et aler en l'autre, si comme nature le requiert
[15] et raisons [15] : a la mort ne faut nus.

181. Et li viel doivent estre li premiers [1] par droit de [2]
nature, et bien doivent [3] faire crier lor [4] ban, et il meïs-
mes le doivent crier ausis, et après le ban crié, se doi-
vent aquiter dou tout. Li bon viel [5] qui ce feront, de [6]
bone heure vindrent ou [7] siecle, et en [8] meillor departi-
ront [9]; en aus est li proverbes accompliz [10] : *A la bone
fin va tout.*

182. Les fames qui vivent tant que vielles devien-
nent [1], doivent mout estudier a bien faire; et se eles ont
pooir, eles [2] doivent estre mout [3] aumosnieres, et faire
penitances volantiers [4] de jeünes et d'orisons et d'au-
mosnes, sovant et menu [5], as estranges et as privez [6],
loig et près [7]; et plus volantiers [8] as besoigneus et as
besoigneuses [8] que as truanz [9] ne as truandes [9]. Leur pe-
nance [10] doivent faire si sagement [11] qu'eles n'an soient
blasmées, et doivent bon example doner as jones et bon
consoil, et [11] qu'eles ne soient consentanz as pechiez des
jones.

183. Les bones vielles font grant profit [1] as jones et [1]
a eles meïsmes et a lor amis, et [2] governent [3] et gardent [4]

*manque dans B* — 15-15 *manque dans E*
181. — 1 *B* liez — 2 *B* droite — 3 *B E ajoutent* donc —
4 *B* le — 5 *B* Les biens vieuz — 6 *B* en; *E* et — 7 *B* en cest —
8 *E* a — 9 *B E* sen partiront — 10 *E ajoute* qui dit
182. — 1 *B E* queles d. v. se — 2 *E* si — 3 *manque dans B* —
4 *manque dans E* — 5 *E* et geunes et or. et aum. doner — 6 *B* et
m. aus poures et aus estranges — 7 l. et p. *manque dans E* —
8-8 *B* aus besoingneus honteus; *E* as besongneus — 9-9 *manque
dans B* — 10 *A* La penitance — 11-11 *manque dans E*
183. — 1-1 *manque dans BE* — 2 *E* quelles — 3 *B* gouuerner —

lor ostieus èt lor biens, et norrissent lor anfanz [5], se eles
¹es ont [6], et leur [7] assamblent mariages, et autres profiz lor
font; et tout avant se [8] doivent [9] estre [10] retraites de touz
maus et de toz pechiez, et [10] vraiement repentanz [11] de
touz lor pechiez [11], et confesses [12] de touz [13] lor mesfez.
Et celes qui [14] einsis le font et [14] einsis vivent morront
bien, et, fesant [15] ce qui est dit desus, si [16] parvendront a
la bone fin devant dite.

184. Mais il i a sanz faille aucunes mauveses vielles [1]
qui ne sont mie [2] tieus comme il est dit devant; ainz
sont volanteïves [3] de pechier [4] de leur cors [4] a vilain tort;
et se parent [5] et amplastrent lor chieres [6], et taingnent [7]
lor chevous; et ne vuelent quenoistre qu'eles soient viel-
les [8] ne remeses [8]; et se [9] aucuns leur dit [9], eles se cor-
roucent [10].

185. Et por dire qu'eles ne sont pas vielles ne re-
meses [1], font toz jors pechiez de lor cors, et par [2] male
aventure eles ont .ii. granz males hontes [3] qu'eles [4] con-
tent por aventage de bien et d'aneur [4] : l'une est que
eles ont toz jors pooir [5] de sosfrir le [6] pechié en eles, et
l'autre [7] si est qu'eles [7] tiennent a honor ce que l'an

4 B garder — 5 E ajoute de lor enfans — 6 se eles les ont manque
dans B — 7 manque dans A — 8 manque dans E — 9 B ajoute
eles — 10-10 manque dans E — 11-11 manque dans B E — 12 A
confes — 13 manque dans E — 14-14 manque dans A E — 15 A
facent — 16 manque dans E

184. — 1 B E auc. v. males — 2 B pas — 3 B volentiues — 4-4
manque dans A E — 5 A et reperent — 6 B et aplaingnent leur
chief — 7 A tiennent; B oingnent — 8-8 manque dans B E — 9-9
A aucunes lor dient — 10 E elles sont corociees

185. — 1 B ne soient pas vieilles remeises — 2 B pour leur;
E par lor — 3 A max hontex; E maus hontous — 4-4 B content
entreus pour b. et pour hon.; E tienent pour auantage de bien et
donour — 5 A paor — 6 B conmu — 7-7 A que eles les; E que elles

lor [8] done [9], tout soient eles vielles ; [10] et ne cuident pas
que l'en les tiegne pour vielles [10]. Et celes qui sont tieus
por lor talenz acomplir, et por doute de faillir [11] de trou-
ver [11] home a lor plaisir [12], après ce que eles ont randu
touz [13] les quenivez, s'eles les orent, covient [14] par esto-
voir qu'eles doignent de chatel [15], ou l'an les refuse. Et
ainsis sont parhonies ; car li pechié ne demorent mie
par eles, [16] mès pour defaute d'ome [16].

186. En tel point ne doivent [1] mie estre les homes
vieuz [1], car il ont plus estable [2] proposement et grei-
gnor [2] quenoissance d'onor et de honte ; si se doivent
garder, s'il ne sont desvé, por Dieu et por le blasme de
la gent, de hanter et abiter as fames, puisque tens est
passez [3] ; et se il tost [4] le [5] vossissent faire, po ou noiant
en avroient le pooir [6], et eles n'en perdent mie [7] le [8]
pooir par [9] la maudite [10] achoison devant dite. Et ain-
sis sont les ames perdues de ceus [11] qui ce font.

187. [1] Prions Nostre Seigneur Jhesu Crist qui [1] li-
vra [2] son saint beneoit [3] cors [4] a martire por pechié ra-

---

— 8 B E les — 9 E dangne ; B ajoute amer — 10-10 manque
dans A ; E et ne quedent miex q. on les taingne p. v. — 11-11
A a — 12 par lor tal. ....... plaisir manque dans E — 13
manque dans E — 14 A couant — 15 B dou chetel ; E de lor chateil
— 16-16 manque dans A E

186. — 1-1 A pas li home estre viel ; E pas estre li home viel —
2-2 E et grignors proposement et — 3 A si se doutent et gardent
sil ne sont derue p. d. et p. le b. de la g. puisque tens et heure passe
de hanter et abiter as fames ; B si se douten gardent se il ne sont
desueez pour dieu et pour le blame de la gent puisque temps et
heure passe de chanter et habiter aus fames ; E si se d. g. dabiter
as fames puisque tans est passez — 4 B tout — 5 B se — 6 A po
ou noiant en auoient de pooir ; E pou en aueroient de pooir ou
niant — 7 A et se eles ne perdoient ; E et elles ne perdent — 8 E
lor — 9 A por ; B pour — 10 E mauaise — 11 B celes

187. — 1-1 A Car nostre sires ; E Et nostre sires jhesu crist qui
— 2 B E dona — 3 manque dans B — 4 B E ajoutent et liura —

cheter d'ome et de fame et sauver lor ames par la soue
sainte [5] misericorde, doigne [6] doner grace [7] aus bones
de [7] perseverer en bien jusqu'à la fin, et as males ente-
chies [8] de mauveis vices desus nomées ou d'autres [9],
doint contricion de cuer et veraie repentencé de venir a
droite confession et a veraie penitance [10] ; si que tuit cres-
tien et toutes crestiennes parviegnent a bone fin, et que
les ames de touz et de toutes soient au jor [11] dou jugement
a [11] destre de la [12] majesté [13] Nostre Seignor [13], delivrez
et aquitez [14] de touz mesfaiz, et soient [15] en repos par-
durable et en vie joieuse. Amen.

## V

188. Vos avez oï parler de touz les .iiii. tens d'aage
d'ome et de fame, et commant on se doit contenir [1] se-
lonc ce [2] qu'il en [2] est avis a celui qui cest conte fist. Et
a lui meïsmes sambla que chascuns [3] des .iiii. tens d'aage [3]
deüst estre de .xx. anz. [4] Ce sont .iiii$^{xx}$. anz [4] a celz et a
celes qui tant vivent qu'il usent les .iiii. tens ; [5] et po i a
de gent qui tant vivent [5]. Et cil qui muerent avant, se il
sont bien contenu [6] en tant [7] de tens com [8] il vesqui-
rent, et a la fin lor est bien [9] avenu. Chascuns des .iiii.
tens est partiz par mi [10] : dès le commancement jusques

5 B saintisme — 6 A digne de — 7-7 A bone et; E as bones et
de — 8 A teches — 9 A ajoute dont diex — 10 B et a faire penance ;
E et a parfaite peneance — 11-11 E dou juise a la — 12 B sa — 13-
13 manque dans B — 14 A ajoute et — 15 B paruiengnent
188. — 1 E on a doit maintenir — 2-2 A que on — 3-3 manque
dans E — 4-4 manque dans E — 5-5 manque dans B ; E et poi
i a mais de g. q. t. v. — 6 B soutenu — 7 A po — 8 manque dans

ou mileu [11] est d'une meniere, et dou mileu [12] jusques
a la fin est d'une autre [13].

189. Vos savez que, dès que li enfant naissent, jusques
a tant [1] qu'il aient .x. anz acompliz, sont en trop [2] grant
peril de mort et de mehaing [3] : li un, quant [4] les fames
les couchent delez eles, tant comme il sont petit; autre [5]
de feu, ou d'iaue [6], ou de chaoir [7], ou [8] d'autres plusors
menieres de mescheance [9] qui avienneut [10] aucunes foiz
par [11] males gardes, [12] et autres par accident [12]. Et toz
jors dit l'an que on doit garder son anfant de feu et
d'iaue [13] tant que il aient passé .VII. anz ; et bien i pueent
avoir mestier tuit li .x. [14] ; [15] mais autre .x. le parfont
d'anfance [15].

190. Et doit avoir li anfes aucune quenoissance [1] bone;
et doit douter [1], et par soi meïsmes se doit auques sa-
voir [2] garder des perilz devant diz. Et cil qui les gar-
dent les doivent chastier [3] et anseignier [3] et apanre, si
comme il est devisé devant, la ou li compes parla d'an-
fance.

191. L'an ne devroit ja [1] volantier marier anfant

A — 9 A mal — 10 A par .IIII. — 11 E jusquen lenmi — 12 E et
des lammi — 13 B E est dautre maniere
189. — 1 A V. s. q. li anfant jusqua tant — 2 manque dans A;
B E il sont en t. — 3 A et de mescheance — 4 B vous sauez que
— 5 B les autres — 6 B eue — 7 ou de ch. manque dans E — 8 A
et — 9 B meschanence — 10 B auient — 11 B pour — 12-12 A
ou par autres accidenz; B et autre par occision — 13 B ajoute et
de cheoir — 14 B ajoute anz — 15-15 B m. les autres .x. anz qui sont
le parfeit d'enf.; E m. li autre .x. qui sont le parfait d'enf.. B et E
réunissent cette dernière phrase à celle qui commence le paragr.
suivant dans A et continuent ainsi : doit avoir
190. — 1-1 A b. et douce; E et doute — 2 manque dans B —
3-3 manque dans E
191. — 1 B mie; manque dans E — 2 B tant quil eut; E deuant

malle, trés qu'il ait [2] .xx. anz acompliz, se ce n'est [3] por haste [4] d'avoir hoirs, [5] se il a aucun grant heritage [5]; ou por avoir aucun grant [6] mariage; ou por doute de pechié, se il est trop par tens chaus [7] de luxure. Mais les filles doit l'an volentiers [8] marier puis que eles ont passé [9] .xiiii. anz. Cil et celes que l'an marie granz [10], en deviennent sage, et si [10] en doivent mialz valoir et [11] savoir d' [12] estre ansamble; et lor anfant en [13] doivent estre greignor et meillor.

192. Jovanz, [1] qui est après anfance, si [1] est plus perilleus [2] dès le commancement jusques ammileu, ce est dès .xx. jusques a .xxx. anz, que il n'est dès .xxx. jusques a xl; car, en la premiere moitié sont tuit li plus granz [3] pechiez escalufrez [4] que li compes a devisé en jovant [4]; et en l'autre moitié s'atempre l'an [5], quant on plus [6] aprorche le [7] moien aage.

193. Et li moiens aages est trop li miaudres [1] dès le commancement [2] jusques ou mileu, ce est dès .xl. anz jusque .l.; car [3] adonc doit l'en [4] estre parfez de touz les biens dont [5] li compes a parlé [6] ou moien aage. Et [7] dès .l. jusqu'à .lx., doit on estre bons; car [8] ce est dou [9] moien aage.

---

quil eust — 3 *A E* nestoït — 4 *A* besoig — 5-5 *manque dans E* — 6 *B* riche; *manque dans E* — 7 *B ajoute* de nature et — 8 *A* tost — 9 *manque dans A; B* eles passent — 10-10 *manque dans B* — 11 *E ajoute* miex — 12 *manque dans E* — 13 *manque dans A*

192. — 1-1 *manque dans B; E* q. vient apres enf. — 2 *B* perilleus plus; *E* li plus perillous — 3 *A* li pl. des gr.; *E* li pl. gr. des — 4-4 *B* qui soient desus nomez si com li contes le deuise en laage de jouent — 5 *E* satrempent on plus — 6 *manque dans E* — 7 *B* q. len plus saproche dou

193. — 1 *B* trop meilleur; *E* trop millours — 2 *A ajoute* que — 3 *manque dans B* — 4 *manque dans A* — 5 *A* dou — 6 *B* deuise — 7 *B* Apres deuez sauoir que — 8 *B ajoute* tout — 9 *manque dans A*

194. [1] Quant on est de .LX. anz acompliz, adonc est l'e[n] viel [1]. Et por ce, dit l'an que dès ici en avant est l'an quites des servises; et bien samble raison, car hom(es) de tel aage a assez a [2] servir [3] soy meïsmes [3], ou de soi faire servir, se il a de quoi. Et viellesce qui est de .LX. anz en amont [4], et li milieu de .LX. et .X. anz, est mout enuieus au comencement et plus a la fin, qui est de .IIII. vinz anz [5]. Et toutes voies i a aucunes choses profitables et delitables, si comme li compes a parlé ci devant [6] de viellesce. Et se aucuns dure plus, il doit desirrer la mort, [7] et requerre adès a Dieu [7] bone fin.

## VI

195. — Et .IIII. choses [1] i a [1] dont li contes n'a mie anterinement parlé en [2] toz les [2] .IIII. tens devant diz, [3] pour ce que les .IIII. choses sont bones et profitables et covenables a touz les .IIII. temps [3], et toz jors en a l'an grant besoig; si en devisera l'an ci [4] les .IIII. souches parties de lor bones [4] branches, qui sont plusors. L'une des souches [5] est souffrance et l'autre servise, et l'autre [6] valor, et l'autre [7] honor. Toutes ont mestier grant [8] as .II. parties, c'est a savoir a cels qui sueffrent et a ces que

---

194. — 1-1 *B* Et quant len veust estre aconpliz si est len vieil; *E* Quant on est de .LX. ans adonc est on viex — 2 *E ajoute* faire de — 3-3 *A* sa maisnie; *E* lui m. — 4 *B* auant — 5 *A* Et v. q. est de .LX. anz en amont est le meillor de .LXX. anz — 6 *B* ch. prof. et conoissables si c. li contes deuisa quant il parla; *E* ch. prof. et conuenables cis compes a deuisei quant il parla — 7-7 *B E* requerant a dieu touz jourz

195. — 1-1 *manque dans B* — 2-2 *B* nul des — 3-3 *manque dans A E* — 4-4 *B* .IIII. concoches et partie de lor bones; *E* les .IIII. soches et partie des bones lor — 5 *B E* choses — 6 *B* la tierce — 7 *B* la quarte — 8 *manque dans B* — 9-9 *B*

l'an sueffre, et a cels que l'an sert et a cels qui servent autrui, et a cels qui valent et a celz [9] cui l'an vaut [9], et a celz qui honeurent et a celz [10] que on honore [11].

196. Raisons est que [1] l'en comence [1] a Nostre Seignor, qui est li droiz commancierres et [2] li droiz [2] parfaisierres [3] de haute puissance et [3] de la haute soffrance, qui dure parfaitement jusques a la fin a çaus qui s'amandent devant la mort.

197. [1] Li plus haut seigneur et li plus riche terrien, qui [1] sont neant a la comparison de lui, doivent bien panre [2] garde a lui et example [2], et soffrir debonairement [3] çaus qui lor mesfont, et touz ces qui sont en lor pooir, et pardoner [4] leiaument et [4] anterinement [5] a cels qui viennent a lor merci, por l'amour [6] dou seignor celestial, qui [7] por cels et por les autres soffri [7] mort et passion en la croiz. Et tuit ont grant mestier de son pardon et de sa soffrance; car se il se correçast et il ne les [8] vossist sofrir, trop seroient par temps [9] puniz. [10] Et se [10] li grant seignor terrien sueffrent les menors, bien par raison doivent soffrir li petit [11] les granz, et attendre la menaie et la [12] merci. Touz jors dit l'an que *li bon soufreor vainquent tout.*

a qui en a valu — 10 *B ajoute* que len a honere et — 11 *E* qui ont honorei

196. — 1-1 *A* en coment — 2-2 *manque dans E* — 3-3 *manque dans A; E* de fin; *le reste du paragraphe manque dans E*

197. — 1-1 *A* Li haut seignor terrien q.; *E* Li plus riche signor terrien — 2-2 *B* exanple a lui; et example *manque dans E* — 3 *B* longuement — 4-4 *manque dans A E* — 5 *E* ententiuement — 6 *A* lonor; *B* pour amour — 7-7 *B* souffri pour eus; *E* pour aus et pour les autres soffri — 8 *B* et ne le — 9 *A* cels — 10-10 *A* Ausis — 11 *B* b. deiuent donc par r. les petiz souffrir — 12 *B* et antendre leur venjance et leur; *E* et atendre lor m. et lor m.

198. Tuit cil qui sont en cest siecle [1], petit et grant, et homes et fames, doivent [2] abandonéement et [2] viguereusement [3] atendre et [3] soffrir les dures [4] aventures et les mescheances et les pertes et les dolors qui lor avienent d'amis [5] ou de terres [5] ou d'autres richesces ou de choses qu'il aimment; car [6] se les [6] pertes sont de petites choses, tant [7] les puent il [8] miaus soffrir [9] et miaus passer [9]; et, [10] se eles sont granz, tant leur est il plus a grant honeur et a grant bien tenu, s'il les puent bien souffrir et biau passer [10]. Grans senz est de biau soffrir ce que l'an ne puet amander; et grant [11] folie est de soi maumetre et correcier [12] et desesperer por les morteus choses ne por les temporeus, qui sont neanz [13] et transsitoires [13].

199. Autres .III. [1] menieres i a de soffrance; l'une est quant [2] li povre et [2] li non puissant ont receü honte et [3] domage [4] par les riches et par les puissanz [4] qui sont fort, et teus [5] que les povres ne les [5] puent amander; et de ceste meïsmes meniere avient ausis a ceus qui sont povre et mesaisié, et en tel point qu'il n'ont pooir de l'amander [6], si lor covient soffrir par estovoir.

200. La seconde est des nices [1] et des [1] pereceus et des [2] mauveis qui maintes foiz sueffrent honte et domage por ce qu'il ne le sevent [3] amander, ou [4] ne lor en [5] chaut.

198. — 1, 2-2, 3-3 *manquent dans* E — 4 *manque dans* A — 5-5 *manque dans* B — 6-6 A *celes* — 7 B *pour tant* — 8 E l. *puet on* — 9-9 *manque dans* B; E *et bien passeir* — 10-10 *manque dans* A E — 11 *manque dans* A — 12 B *de soy malement courrecier* — 13-13 *manque dans* A E

199. — 1 *manque dans* A — 2-2 *manque dans* B E — 3 B *o. r. grant h. ou grant* — 4-4 B *pour les r. ou pour les p*; E *par les puissans* — 5-5 A *quil nes*; E *qui nel* — 6 B *que il ne puent amender*

200. — 1-1, 2 *manquent dans* B E — 3 A *losent* — 4 B *ajoute il* — 5 *manque dans* E

201. La tierce si est de çaus qui ont [1] en proposement et en volanté d'els vangier, et sueffrent tant qu'il en voient [2] leu et eise; et ont toz jors afferméement en cuer et en remambrance [3] de vangier la honte qu'il ont receüe ou le domage; et de droite quenoissance atandent lieu [4].

202. Cil .iii. [1] soffrance[s] ne fait l'an mie [2] por Dieu, mais por ce qui est devant dit; et, por ce [3] dit l'an que *on puet trop* [4] *maus sofrir a ese que a mesaise* [4]. Car qui est povres ou mesaisiez ou a meschief de honte ou d'autre chose, s'il nel puet amander, a soffrir li covient [5]; et li riches qui est a ese et a [6] delit, fait et porchace maintes foiz tieus choses, dont granz maus et granz anuiz li vient. Et nus n'est en si bon point, s'il ne puet le bien [7] soffrir, que maus ne l'an [8] doie avenir; et por toutes les raisons devant dites et por mout d'autres est soffrance trop [9] haute chose et digne et profitable.

203. [1] Li biaus servises nonpers, si est ce que Nostre Sires [1] a fait a home et a fame : car il, qui estoit [2] sires tant solement et creators [2] de toute [3] creature, daigna estre [4] sauverres de l'umaigne lignie [5], quant il s'umilia tant [6], et si grant servise nos fist por racheter home et fame d'enfer, [7] quant il [7] vost assembler la deité a humanité ou cors a [8] la Vierge Marie, et de la [9] reçut char [10] et sanc [10],

201. — 1 *B* sont — 2 *A* quil en ont; *B* que il voient — 3 *B* et ont touz jourz rem. ou cuer aff.; *E* et ont tous jours en remenbra[n]ce en lor cuer — 4 *manque dans A*

202. — 1 *manque dans A* — 2 *A* mes — 3 *B E* et touz jourz — 4-4 *B* plus souffrir mesaese que aese; *E* plus soffrir — 5 *E* estuet — 6 *B* en — 7 *B* mal — 8 *E* ne li — 9 *B* mout

203. — 1-1 *B* Les hauz servises que nostre seigneur a fait sont nonpers et merueilleus et sont ceus quil; *E* Li haut servise nonpeir et meruillous sont cil que nostre sires — 2-2 *B* sainz et cr., *E* sires — 3 *B* tretoutes — 4 *E* de toutes creatures et — 5 *B* de lumain linage; *E ajoute* daingna estre hons — 6 *manque dans A* — 7-7 *B* or ne li — 8 *B* de; *manque dans E* — 9 *B E* lui —

et nasqui verais Dieus et verais hom, et soffri passion et mort. Et por ce, requiert il bien [11] que l'an ne [12] li face servise que [13] celui qui est por la gent meïsmes a lor ames sauver et randre a lui, por vivre pardurablement [14] après la mort dou [15] cors.

204. [1] Vous savez bien que de son servise et de s'aïde [1] et de son consoil a l'an tant de foiz mestier et en tant de menieres que ce est sanz nombre; [2] et a lui mesfet on et faut [2] de servise toz les jors, et il atant le darrean servise : [3] ce est que on li rende l'ame [3]. Et qui a celi faut [4] jusques a [4] tant que il trespasse [5], folement a amploié [6] a son ues [7] meïsmes, et [8] mauveisement [9] a randu le servise que Nostre Sires li fist. Et Dieus par sa douce pitié [9] en desfande toz bons [10] crestiens [11], et [12] a bone fin les conduie [12]! Amen.

205. Des [1] genz dou siecle qui servent li un as [2] autres, [3] cil qui [3] quenoissent aucune bonté et porveance en lor seignors, [4] les doivent [4] servir loiaument et longuement, et [5] atendre lor guerredon; et se lor seignor [6] ne lor guerredone lor bon servise, li haus sires dou ciel et de la terre qui toz les biens gouverne [7], lor [8] por-

10-10 *manque dans* B — 11 B Et pour tout ce nous requiert il; E Pour tout ce requiert il — 12 *manque dans* B E — 13 E teil con — 14 B *ajoute* la sus en paradis — 15 E des

204. — 1-1 A Mais de saie; E Mais dou sien seruise et de saide — 2-2 B et a lui mesfont et mesfait len par defaut; E a lui mesfait on et faut — 3-3 A ce est que lan pense de lame — 4-4 *manque dans* B — 5 B E soit trespassez — 6 B E esploitie — 7 B eus; E oes — 8 *manque dans* A E — 9-9 B li a rendu lou seruise meruilleus que nostre seigneur jhesu crist et nostre dieu par sa misericorde — 10 *manque dans* B E — 11 B *ajoute* et toutes crestienes — 12-12 A en son seruise les conduie a bien

205. — 1 B Les — 2 B et les — 3-3 E cil — 4-4 B le deiuent soffrir et; E il l. d. — 5 *manque dans* E — 6 E et ce li sires — 7 A guerredone; E guerredonnera — 8 B les —

verra [9] autres seignors qui bien lor guerredoneront [9],
ou il meïsmes les chevira d'autre bien, et li mal seignor,
failli dou guerredon, en seront [10] avilenez et puniz; et cil
qui reçoivent servise et jamais ne le guerredonent [11], il
boivent la suor de leur [12] serveors qui lor est [13] venins
morteus as cors et as ames.

206. Et maintes gens dient que [1] *a bien servir* [1] *co-*
*vient eür avoir.* Mais l'an doit croire que tuit li bon
eür [2] et tuit li bien [2] viennent de Dieu; et tel tient on a
bon eür qui est mauveis, et tieus est bien [3] eürez des
biens temporeus [4] qui pert l'ame. Cil aürs n'est mie [5] de
par Dieu, ainz le fait li Annemis [6] pour engignier [6].

207. L'an voit sovant que tieus genz sont avant et ri-
che et honoré antre [1] les [2] riches homes, et por cels [3]
qui sont droit asne et [2] plus nice que bestes; et aucuns
i a [4] sages et vaillanz qui [5] ja n'avront leu, por ce qu'il
ne se truevent en bone place ne se [6] vuelent vilainne-
ment ambatre [7]. Leur deintez [8] puet estre en la niceté et
en la mauvestié des riches seigneurs qui les acoillent
por ce qu'il sont de lor complexion, et [9] por ce que il
ne les quenoissent, ou por ce que il ne vuelent avoir
vaillanz ne sages autor aus, qui les [10] sachent ne [11]
puissent reprandre [12] de lor mauvistié et de lor ma-
lice.

---

9-9 *B* dautre seigneur qui leur guerredonera — 10 *A B* sera —
11 lor poruerra ..... guerredonent *manque dans E* — 12 *A* des —
13 *B* qui est li

206. — 1-1 *A* en bien chanter; *B* a biau s. — 2-2 *manque dans*
*E* — 3 *A E* bons — 4 *B* choses temporieus — 5 *B* Tel eur nest
pas; *E* Teis eurs nest mie — 6-6 *manque dans A*

207. — 1 *B* entour — 2-2 *E* autres et si sont — 3 *B* eus — 4
*B ajoute* qui sont — 5 *A E* que — 6 *B* et ne si — 7 *La fin du*
*paragr. manque dans E* — 8 *B* desnices — 9 *B* ou — 10 *A* lor —
11 *B* ne ne — 12 *A* respondre

208. Et tel riche home chacent le cheval de l'estable [1], et i [2] metent le buef et les asnes as hautes manjoures. Et, se ce n'est par la raison desus dite [3], avenir puet que ce est l'Anemis, qui [4] par le pechié des seignors et des [5] nices qui sont pecheor, lor fait venir leur [6] choses a profit en samblant de bon eür. Et cil [7] eürs lor fait ainsis passer la [8] vie jusques [9] a la mort, c'est [9] a la male fin ; et li Deables qui les a chuflez [10], amporte les ames [11] en enfer [11]. Et li autre qui sont sage et bon, et [12] n'ont leu ou siecle, et sueffrent lor povreté en paciance, et viennent a bone fin, [13] cil sont bon eüré [13], et lor bon eür qui sambloit [14] au siecle mauveis, est li droiz bons eürs de par Dieu.

209. Et por ce doit l'an mout [1] volantiers soffrir en cest siecle les maus que l'an i a et [2] recevoir en pacience [3], en remission des pechiez ; mout i a de garanties que cil qui ont disete [4] des biens de cest siecle ont en l'autre les granz biens et la vie pardurable, et cil l' [5] ont mout [6] bien deservi [7].

210. Autres .III. menieres i a de servise que les gens font li un vers les autres [1], quant cil qui [2] ont mestier ou besoig [3] de servise [4] le vuelent avoir et recevoir [4]. Et

208. — Ce paragraphe manque en entier dans le ms. E — 1 B leurs cheuaus des estables — 2 manque dans B — 3 B par les reisons desus dites — 4 A que — 5 B ou de ces — 6 B les — 7 B tel — 8 B leur — 9-9 manque dans A — 10 A chaufez — 11-11 manque dans A — 12 manque dans A — 13-13 B cil sont bon eureus droiz — 14 A semblent

209. — Ce paragraphe manque en entier dans le ms. E — 1 manque dans B — 2 A ajoute del — 3 A penitance — 4 B souffrance — 5 et 6 manquent dans A — 7 A serui

210. — 1 B E les uns aus autres — 2 B de ce quil; quant cil manque dans E — 3 A au besoig nont mestier — 4-4 B receuoir veilent sil le puent auoir; E receuoir le welent et puent et seiuent

.iii. menieres de gens font cels [5] servises ; et [6] en celes .iii. menieres [6] sont acoillies toutes les genz dou siecle qui servises pueent faire.

211. L'une des .iii. menieres, si sont toutes [1] les franches gens [2] amiables et debonaires ; l'autre [3] toutes les gens de mestier ; la tierce tuit li vilain.

212. A droit [1] sont franches genz amiables tuit cil qui ont franc cuer, et [2] debonairement et amiablement font servise a cels qui [2] ammiablement [3] les requierent ; et cil qui a franc cuer, de quelque part [4] il soit venuz, il doit estre apelez frans et gentis ; car, se il est de bas leu et [5] de mauveis [6] et il est bons [6], de tant doit il estre plus honorez.

213. Cil de mestier sont mout grant genz ; car cil qui ont les soverains mestiers, ce sont prestres et clers qui ont la cure des ames ; et [1] grant seignorie [2] fait on el [2] siecle [3] a [4] avocaz et juges [5], et les autres genz de toz mestiers [6] ausis.

214. Et vilain sont cil qui vilainnement se contiennent, et en dit et en fet [1] ne [2] ne vuelent riens faire que a [3] force et par [4] paor [5] ; tuit cil qui ce font [6] sont droit [7]

auoir — 5 *E* a ciaus — 6-6 *E* ces .iii. men. de gens

211. — 1 *B* si est tele — 2 *B ajoute* cortoises et — 3 *B ajoute* si est

212. — 1 *A* Adonc — 2-2 *manque dans B* — 3 *E* debonairement — 4 *B* q. q. lieu qu ; *E* queil leu que — 5 *E* ou — 6-6 *manque dans B*

213. — 1 *B ajoute* ont — 2-2 *B* aus fait dou ; *E* ont fait dou — 3 *La fin du paragr. manque dans E* — 4 *manque dans B* — 5 *B* mires — 6 *B* et les genz de touz autres mestiers

214. — 1 *B ajoute* et qui ont meniere de vilein — 2 *E* et — 3 *E* par — 4 *B* pour — 5 *E* pooir — 6 *B E* q. sont tiex — 7 *manque*

vilain, ausis bien comme s' [8] il fussent [9] serf [10] ou gaei-
gneur [11] as riches homes ; ne ja se il sont astraiz [12] de
nobles homes et de vaillanz [12], por tant ne doivent il [13]
estre apelé gentil ne franc, car gentillesce ne valour
d'ancestre [14] ne fet que nuire as mauveis hoirs honir [14];
et mains en fust de honte [15], quant [16] il sont mauveis,
se[17] il fussent astrait de vilains.

215. As [1] .III. menieres de gens devant dites covient [1]
.III. menieres de loiers [2]; ne autrement ne [3] puet on avoir
servise qui bons soit. Ce dit l'an toz jors : cels qui ont
bon cuer et franc puet l'an avoir et doit por bien [4], ce
est par [5] biau requerre et proier cortoisement, ou par [6]
bienfait, ou par [7] bone [8] oevre [9]. Et toz cels de mestier [10]
covient avoir [11] par loier [11], et toz vilains au baston, ce
est par [12] aucune meniere de force.

216. En [1] cels dou loier de don a trop a dire ; car tout
premiers cil de Sainte Eglise [2] le veulent [2] a la vie et a la
mort, et après la mort ont [3] loier et aumosnes [3] por chan-
ter messes de *requiem* por les ames qui [4] sont en purga-
toire, et ce est li miaus amploiez loiers [5].

217. [1] Li avocat ne li juge ne font riens sans loier de

---

dans B — 8 *manque dans A* — 9 B c. sil fust — 10 *La fin du
paragr. manque dans E* — 11 B gaigneurs de terres — 12-12 B
des riches genz ou des vailenz — 13 *manque dans B* — 14-14 B
nest que nüisance aus mauueis honir — 15 et m. en f. de h.
*manque dans B* — 16 B quar — 17 A que se
215. — 1-1 *manque dans B* — 2 A lois — 3 E nen — 4 B ont
b. c. et f. puent auoir pour bien ; E ont franc cuer puet on et
doit auoir par bien — 5, 6, 7 B pour — 8 B E belle — 9 E offre
— 10 A mener — 11-11 B pour doner — 12 *manque dans B*
216. — 1 E Et en — 2-2 A ont lor volante — 3-3 B il les terres
et les armones; E louier — 4 A de ces qui — 5 *manque dans A ;*
B de don

8

don [1], et sovant vuelent [2] conparagier les dons [2], ce est que l'an doigne les petiz après les granz [3], et si ameroient [4] miaus [5] tous jovrs [5] les granz [6] que les petiz.

218. Assez avez oï de soffrance et [1] de servise [1]; après orrez [2] de valor et d'anor. [3] Cil dui sont sovant [3] ansamble es bones oevres de Dieu et dou siecle; et po i a de granz biens ou noiant, ou eles ne seront [4] ansamble a privé ou a palais [5]. Les hautimes [6] et dignes valours et honours sont toutes en la gloire qui est au Peire et au Fil et au Saint Esperit; et la trés grant nonpeir valour et honour [6] que li Peres fist a l'umain lignage est dite [7] devant. Et les greignors annors et valors [8] qui soient et puissent estre es gens dou siecle, si est que l'an vaille tant en [9] soi meïsmes que l'an sache requenoistre [10] ce que Dieus nos a fait, et que [11] l'an le loe et l'anore premierement [11] en proieres [12] et en aumosnes doner as povres en l'onor de lui et por lui, et [13] en faire penitance, si [14] que l'an li rende [15] l'ame qui est soue; et tout ce tient il [16] a grant honeur et a grant [17] valor.

219. Et tel [1] honor et valor est toute nostre, car il est

217. — 1-1 *manque dans B*; de don *manque dans A* — 2-2 *A* q. lan soille les denz; *E* que on soille les dons — 3 *A* le petit apres le grant — 4 *B ajoute* il — 5-5 *manque dans A* — 6 *A ajoute* citiens

218. — 1-1 *manque dans E* — 2 *manque dans B* — 3-3 *B* Valeur et henneur ce sont .II. choses qui souent sont — 4 *B* soient — 5 *B* apelez; et po i a..... palais *manque dans E* — 6-6 *A* dignes valors et honors; *B* et grandimes honeurs et dignes valeurs sont toutes en la gloire dou pere et dou fil et dou saint esperit et la tres grant nonper valeur et honer — 7 *A* de ce — 8 *BE intervertissent* valeurs et honeurs — 9 *B E* a — 10 *B* quenoistre — 11-11 *B* on lenneure et losange; *E* on lonort et losange — 12 *B ajoute* et en roisons; *E ajoute* et en orisons — 13 *manque dans A* — 14 *manque dans A* — 15 *A* randist — 16 *manque dans B* — 17 *manque dans B E*

219. — 1 *B* cele — 2 *B* regracier — 3 *B ajoute* en touz tamps;

honoré et glorefié de soi meïsmes sanz fin, et por ce le
doit on dou tout gracier [2] de jor et de nuit [3]; et tout le
plus des bones valours et honours de coi on est tenus
a vaillant et a [4] honorei ou [5] siecle, sont belles et plai-
sans a Nostre Signor [6]; et toutes choses [7] qui plaisent a
lui doivent bien plaire au siecle [8], qui bien i esgarde [8]; et
si font eles as bons et as sages. Et toutes les choses qui
desplaisent [9] a Dieu [10] sont apparamment [11] honteuses
et mauveises au siecle, qui bien i esgarde; bone valors et
honors granz est a Dieu et [12] au siecle, que l'an soit
humbles et debonaires, cortois et larges, estables e' har-
diz.

220. De tout le plus de ces choses li compes parle [1] ça
en arriere, commant l'an se doit contenir, et tant dira
anquore que bons [2] larges, s'il n'avoit que .vi. deniers,
si en [3] donroit il por Dieu aucune chose et por [4] honor
terrien. [5] Et droiz dit en : *Orguilleus eschars [5], se il
avoit tout l'avoir dou monde, si n'an porroit il faire
bien* [6]; et qui tieus est, il n'a riens, car [7] le greignor har-
dement et le meillor que l'an puisse fere [8], si est de soi
tenir [9] viguereusement en toz tens, et especiaument en
la fin ancontre le Deable, qui est pesmes annemis [10].

221. Des autres menieres de hardement a li contes

---

Et tel h.... de nuit *manque dans* E — 4 *manque dans* B —
5 B en cest — 6 et tout le plus..... a n. signor *manque dans*
A — 7 B E celes — 8-8 *manque dans* B E — 9 B E sont
leides et despleisanz — 10 B ajoute et — 11 E apertement —
12 B ou

220. — 1 B l. c. deuise; E a li compes parlei — 2 A hons
— 3 *manque dans* B E — 4 B d. il auscune chose pour dieu
et pour *Ici se termine le ms.* B — 5-5 E Et drois eschars et an-
goissous — 6 E ne porroit il faire largesse ne bien — 7 E et —
8 E le grignour. h. con puist auoir et le millour — 9 E con-
tenir — 10 E contre les dyables qui sont pesme anemi

assez dit ou [1] moien aage, et cil qui bien font [2] de tant
de pooir com Dieus lor a doné [3] et se [3] contiennent bien
et viguereusement et leaument ver Dieu et vers le siecle,
sont vaillant et honoré ; et cil qui pueent valoir et ne va-
lent, sont mauveis [4] et honni en cest siecle et en l'autre ;
et quant plus i durent [5], et pis lor vaut : et se la mors
nes vuet [6] ocirre, il meïsmes devroient voloir [7] la mort.
[8] Car quant plus tost faudroient dou siecle, et plus tost
seroit estainte et remese la honteuse meniere d'aus [8].
Et quant li bon vivent plus [9] longuement, plus font de
bien, [10] et plus sont en bone memoire [10], et lor bones
merites sont greignors [11] devant Dieu ; et adonc est va-
lors et honors en aus parfete.

222. [1] Vos avez oï des .IIII. choses devant dites, ce est
soffrance et servise, valor et honor ; si devez savoir que
ces .IIII. [1] sont comparées [2] et sorssamblées as .IIII. tens
d'aage [2] ; c'est a savoir soffrance [3] a enfance, et servise
[4] a jovent [4], et valour au moien aage, et honors a viel-
lesce. Si est bien droiz que vos sachiez comment [5] chas-
cune des .IIII. resamble a cele a [6] qui elle [7] est comparée.

223. Vos savez bien [1] que il covient par [2] estovoir que
li anfant, tant comme il sont petit, sueffrent ce que on
lor vuet faire, [3] cil qui [3] les ont en garde et en pooir [4] ;
et quant il sont .I. po grant, il covient que lor gardes

---

221. — 1 A a. d. et ou ; E parlei asseis ou — 2 manque dans E —
3-3 E si — 4 E maleurous — 5 E sont — 6 E nous vient — 7 E
desirrer — 8-8 manque dans E — 9 manque dans A — 10-10 manque
dans E — 11 E grant

222. — Le ms. D, qui s'était arrêté à la fin du paragr. 94, re-
prend ici — 1-1 D Vous deuez oir de .IIII. choses comment eles —
2-2 D a .IIII. — 3 D ajoute seruice valeurs et heneurs sou-
france est comparee — 4-4 A au jones — 5 E ajoute et de coi —
6 et 7 manquent dans A

223. — 1 manque dans E — 2 A par que il c. p. ; D que par fin —
3-3 D tant comme il — 4 cil qui l....... en pooir manque dans E —

[5] sueffrent une grant partie [5] de ce que il [6] vuelent faire de geux et d'autres choses plusors. Et estuet [7] que li maitre d'aus aient grant [8] painne et grant [9] travail d'aus ansaignier et [10] garder et [11] aprendre [12].

224. Et servises est a [1] droit affigurez a jovente, car en jovant [2] doit on fere [2] les grans servises et les fors, et on [3] en fait [4] mout de perilleus et de granz; et [5] plusors [6] en fait l'an que par force que par amor [7].

225. Et valors samble droitement le [1] moien aage, [2] car en moien aage [2] doit on avoir la greignor valor [3] que por aus [3] que por autrui, [4] si comme li compes dit el premier aage [4].

226. Et honor sorsamble [1] a vieillesce en aucunes choses, car mout est honorez li viaus qui bien se conduit [2] jusqu'a [3] la fin; et en viellesce covient qu'il [4] finent tuit [5] cil qui deviennent viaus [5]. Et nule greignor honor n' [6] est que de venir a bone fin; car c'est onor [7] parfete.

227. [1] Li .IIII. mot desus nomé sont li gros dou compe [1]; après orroiz les [2] somes. La premiere est d'anfance qui

5-5 D facent vne parlie et sueffrent — 6 E li enfant — 7 D couient — 8 et 9 manquent dans D — 10 et 11 D ajoute a — 12 Et estuet q...,,. et aprendre manque dans E

224. — 1 D ajoute bon — 2-2 D E doiuent faire li josnes
3 D il — 4 D font — 5 D ajoute de — 6 D ajoute lor — 7 et on en f. m........ par amor manque dans E

225. — 1 D au — 2-2 D c. adonc; manque dans E — 3-3 manque dans E — 4-4 manque dans D; E si com li compes dit ou moien aage

226. — 1 D resamble — 2 A contient — 3 D duquen — 4 E que — 5-5 D se auant ne faut — 6 manque dans D — 7 A lonor

227. — 1-1 manque dans D — 2 D des — 3 E doint — 4 E

dist [3] : la some de bone anfance, si est que li anfant soient [4] doutif et bien [5] en commandement d'obeïr [5] a cels qui les ont en garde [6], et por ce le[s] porront les gardes garder de mort et de mehaig, et de mal faire et dire, et de mout [7] de menieres de [7] perilz, tant comme il sont petit. Quant il sont [8] .1. po [8] grant, se il sont bien en commendement et bien obediant [9], par ce les porront [10] ansaignier [11] et bien doctriner [11] et aprendre [12] le mestier que chascuns aprendra [13], car n'avient pas sovant [14] que anfant facent bien, se ce n'est par doute ou par ansaignement. Et les gardes et li mestre doivent estre itieus qu'il sachent de ce venir a chief, et que il quenoissent la meniere des anfanz [15], car [16] as [17] uns covient plus [18] et as autres mains [18].

228. La some de jovant [1] si est que li jone [1] doivent bien savoir que por jovant ne doivent il mie vivre comme bestes, qui [2] naturelment font [3] toute lor volanté sanz pechié; mais home [4], que Dieus forma et fist a la forme [5] de s'ymage, et lor dona raison et quenoissance, ne doivent mie ce fere, ainz doivent douter [6] pechié et le dolireus [7] estat en quoi il sont de cors et d'ames [8] et de mal faire, et recevoir plus en jovant que en autre tens, et se doivent garder de perdre lor jovent, et que il ne facent mal a lor amis ne [9] chose qui soit reproches [10] a els meïsmes ne a celz qui les aimment [11] ; et se [12] doivent

ajoute durement — 5-5 *D* ou commencement — 6 *D* ajoute et en lobeissance — 7-7 *E* dautres — 8-8 *D* bien — 9 *D* obeissant — 10 *D* porra on bien — 11-11 *E* et aprendre a bien contenir — 12 *A* bien aprendre — 13 *E* deuera apanre — 14 *manque dans D* — 15 Et les gardes..... d. anfanz *manque dans E* — 16 *manque dans D* — 17 *E* les — 18-18 *E* chastier que les autres

228. — 1-1 *A* qui est es anfanz si est ce que li anfant — 2 *A* que — 3 *manque dans A* — 4 *E* ajoute et fame — 5 *E* figure — 6 *D* mout cremir — 7 *E* perillous — 8 *D* armes — 9 *D* et — 10 *D* q. ne soit reprochie — 11 et se doiuent garder....... aimment *man-*

traveillier de bien amploier lor [13] jovent en valor et en
vigor [14] et en conquest [14] et [15] en euvre [15] par le consoil
[16] de lor amis [16] et des plus sages [17], et se doivent garder
de tout lor pooir, au moins en toutes les granz choses,
que volantez ne chevauchast [18] raison [19]. Et sovant
doivent prier a Nostre Seignor qu'il [20] les sauve et garde
et deffande de touz maus et de touz perilz, et lor doint
grace de bien faire et dire, et bien avoir en [21] jovent et
toz jors.

229. La some dou moien [1] aage est teus que tuit cil
de lor tens, qui riens valent, doivent randre graces a
Nostre Seignor volantiers et sovant, de ce qu'il sont
eschapé d'anfance et de jovent, et sont venu au soverain
estat et au meillor de toute lor vie [2]; [3] por quoi [3] il se
vueillent [4] traveillier ententivement de [5] randre a Nostre
Seignor son droit et lor [6] cors et lor [7] ames, et a lor
amis [8] et a lor serveors et a tout le siecle ausis selonc
Dieu et selonc droit de nature [8]; car adès doivent [9] il
estre sages et riches, [10] et, se il pueent, plus savoir por va-
loir a aus [10] et as autres. Et chascuns se doit remambrer
dou criour [11] qui cria [12] les choses a vendre, et quant il ot
crié .III. foiz, si dist : *Qui or n'i* [13] *venra* [14], *jamès n'i
avenra.* Ainsis est il [15] de moien aage ; qui [16] lors [17] n'est
mie [18] bien creanz [19], ne [20] seit ne vaut ne [21] puet [22],

que dans E — 12 manque dans D — 13 D ajoute conquest et
lor — 14-14 manque dans D — 15-15 E oureir — 16-16 A de ses
amis; E des ainneis — 17 E ajoute daus — 18 D se vengast sor
— 19 et se doiuent garder de tout....... ne ch. raison manque
dans E — 20 D qui — 21 E ajoute lor
229. — 1 D de lor — 2 E de toute lame — 3-3 D pour ce que
— 4 E doiuent — 5 A por — 6 et 7 D a lor — 8-8 manque
dans E — 9 A D c. a. couient; E et adonc d. — 10-10 D et cil
pooient plus sauoir et parualoir a aus; E et ce il seuent pour sa-
uoir et pooir et valoir a ex — 11 A D creator — 12 E crie —
13 A ne — 14 E metra — 15 manque dans A — 16 D car —
17 E donc — 18 D vie; manque dans E — 19 D ajoute et qui

jamais [23] ne le sera [24], se ce n'est par [25] la propre
grace [26] Nostre Seignor Jhesu Crit.

230. La some de viellesce si est la darrienne [1]; mout
affiert [2] as vieus que il doignent as jones bon example [3]
de bien faire; et il [4] meïsmes se doivent mout [5] traveillier
de garder aus [5] de faire oevres de jones [6]; car ce est [7]
chose qui mout desplet a Dieu et au siecle [8]. Et touz jors
doivent avoir en remenbrance de savoir qu'il sont sus
l'ourle [9] de lor fosse, et [10] que nuns ne puet eschaper a la
mort [10]. Et il [11] meïsmes ont sovant veü [12] morir anfanz
et jones et moiens et viaus [12]; si se doivent reconnoistre
que Nostre Sires les [13] a tant respitiez [13] en [14] atendant
[15] que, se il viennent [15] a amandement, il [16] seront sauf;
et por ce doivent [17] avoir les ieus overs, et regarder [18] lor
fosse [19] en tele meniere que il aient toz jors [19] la chiere
tornée [20] devers paradis et le dos torné a enfer. Car il
doivent certainnement savoir que par tens seront bouté
enz, et se il se truevent en bone place [21], pardurablement
l'avront; et cil qui se troveront [22] en mauveise, si [23]
seront tormanté sanz fin. Dieus en deffande touz crestiens
par sa misericorde, et [24] doint grace [24] a toz viaus [25] de

adonc — 20 *D et qui adonc ne le* — 21 *D ajoute* ne — 22 *E ajoute*
ne na — 23 *D* ne jamais bien — 24 *A* saura; *D* sara — 25 *A* de
— 26 *D* grace de

230. — 1 *E* desrainniere — 2 *D ajoute* bien — 3 *A* as j. example-
ple; *E* d. bon example as gens — 4 *D* aus — 5-5 *D* t. et aus
garder; *E* gardeir — 6 *E* les o. as j. — 7 *D ajoute* vne — 8 *E* d.
a. d. et li siecle les eschiffle — 9 *D* sor lueil — 10-10 *A* auec aus
nan puet eschaper nus; *D* auant aus ne puet eschaper nus —
11 *D* aus — 12-12 *A* anfanz morir j. et m. et v.; *D* m. enf.
m. daage et de viex; *E omet* et moiens — 13-13 *D* atent et respite
— 14 *manque dans E* — 15-15 *E* que il vangnent — 16 *E* si —
17 *D ajoute* il — 18 *A* esgarder — 19-19 *E* tous jours ensi quil
aient — 20 *manque dans E* — 21 *D* em bonnes oeures — 22 *D* et
c. q. se trueuent; *E* et ce il se trueuent — 23 *manque dans D*;
*E* il — 24-24 *D* deffende — 25 *D ajoute* malice et doingne grace

paruser [26] lor viellesce, et les amaint [27] a bone fin et a
repos pardurable [28]! Amen.

231. Tout ausis comme il avient que li riche home
recoivent acompe de lor danrées et de lor issues, et il
ont oï tout le menu mot a mot, si vuelent oïr en grant
some et en gros, et toutes les foiz que il voient le gros et
la some, il voient se il puent tout savoir avec la re-
membrance que il ont de ce que il oïrent en menu atiré
ordenéement; et tout en cele meïsmes meniere est il de
cestui compe. Car tuit cil qui l'avront oï ententivement
une foiz, porront savoir ententivement par ces .IIII. moz
darriens devant nomez qui sont li gros, et par les somes
le moien de tout ce qui est escrit ou livre. Et ce porra
l'an faire plus legierement et sovent que oïr le tout; et
tuit cil qui volantiers l'orront, en amanderont, se Dieu
plest.

232. Ici faut li compes quarrez; ces quarrés sont li
.IIII. tens d'aage devant diz devisez et affigurez de .IIII.
[1] en .IIII. [1] par .IIII. foiz.

> Après vient une corte rime,
> Qui est en .III. vers leolime:
> Moustre [2] la racine et la cime
> D'aler tout droit a Dieu sanz lime [3]:
>
> Qui bien [4] croit Sainte Trinité,
> Trois persones en unité [5],
> Et toutes .III. en deïté,
> Et croit l'uevre d'umanité

---

— 26 *E* bien vser — 27 *E* paruenir — 28 *A* pardurablement *Ici
finit le ms. D*

231. — *Ce paragr. manque entièrement dans E*

232. — 1-1 *manque dans E* — 2 *A* outre — 3 *A* daler ades tout
droit sanz lime — 4 *A* dieu — 5 *A* verite; *le ms. A ajoute le vers*

Que Dieus fist por racheter home
Après le mesfet de la pome,
Et croit sainte Eglise de Rome,
Queus que soit de pechié la some,

S'a droit vuet penitance faire,
Si qu'il n'i ait riens que refaire,
Et après se gart de mesfere :
Einsis se puet chascuns parfere [6].

## VII

233. Phelipes de Navarre, qui fist cest livre, en fist au-
tres .II. Le premier fist de lui meesmes une partie, car la
est dit dont il fu, et comment et por quoi il vint deça la
mer, et commant il se contint et maintint longuement
par la grace Nostre Seignor. Après i a rimes et chan-
çons plusors, que il meïsmes fist, les unes des granz folies
dou siecle que l'an apele amors; et assez en i a qu'il fist
d'une grant guerre qu'il vit a son tens antre l'ampereor
Fredri et le seignor de Barut, mon seignor Jehan de
Belin le viel. Et .i. mout biau compe i à il de cele guerre
meïsmes dès le commancement jusques a la fin, ou que
il sont devisé li dit et li fait et li grant consoil des ba-
tailles et des sieges atiriez ordenéement; car Phelipes fu
a touz. Après i a chançons et rimes qu'il fist plusors en sa
viellesce de Nostre Seignor et de Nostre Dame et des
sains et des saintes. Celui livre fist il por ce que ces tro-
veüres et li fait qui furent ou païs a son tens, et les granz
valors des bons seignors fussent et demorassent plus

suivant : Et toutes trois en verite — 6 E ajoute Diex le nous doint
chascuns faire amen Ici finit le ms. E

longuement en remembrance a cels qui sont descendu de lui et des autres amis, et a touz ces qui les vorront oïr.

234. Le secont livre fist il de forme de plait, et des us et des costumes des *Assises d'Outremer et de Jherusalem et de Cypre.* Ce fist il a la proiere et a la requeste d'un de ses seignors qu'il amoit, et après s'an repanti il mout, por doute que aucunes males gens n'an ovrassent malement de ce qu'il avoit ansaignié por bien et leaument ovrer ; et de ce s'escusa il au commancement et a la fin dou livre.

235. Et cestui livre, qui est li tiers, fist il de ce qui est dit et devisé en cestui livre meïsmes, por ce qu'il voloit ansaignier as siens et as estranges qui les ansaignemenz voudroient oïr et retenir, que il en ovrassent bien, ne ja portant ne se tenissent que il n'apreïssent de cels qui plus sevent de lui et valent et sont meillor de lui, et especiaument des menistres et des sarmoneurs de sainte Eglise. Et que nus ne se done garde a sa persone ne a son estat, ne a ses oevres, se eles sont bones, et se il n'a bien fait, tout ait il bien dit, chascuns doit le bien aprandre et metre a oevre ; car touz jors dit l'an : *Qui bien fera, bien trovera.* Atant fine li tiers livres.

236. Et Nostre Sires Dieus, qui est piteus et misericors parfaitement, doint, par sa pitié et par sa misericorde en l'autre siecle, repos pardurable et clarté sanz fin a celui qui cest livre fist et qui l'escrist, et a touz crestiens et a toutes crestiennes, se a lui plest. Amen.

# GLOSSAIRE

Aaise, aise, eise, ese, *facilité* 76, 83, 86, 202 ; *bonheur* 98, 136.

aaisier (s'), *vivre largement* 132 ; *jouir du repos* 159.

abandoné de paroles, *libre dans ses propos* 11, 21.

abandonéement, *hardiment* 198.

abiter a, *cohabiter avec* 186.

accoillir, *accueillir* 64, 207, *etc.*

[acheter] ; *subj. pr.* achat 39.

achever, *mener à bonne fin* 135.

achoison, acoison, *cause, occasion* 11, 28, *etc.*

acointable, *familier* 28.

acointier, *fréquenter* 168.

acompe, *acompte* 231.

aconmigier, *communier*, VAR. B 53.

[acorder (s')], *consentir, s'en tenir ; ind. pr.* acort 116.

acorsier, *affaiblir* 84.

acorter, *affaiblir*, VAR. C 84.

acourbir, *se courber* 123.

adès, *toujours* 91, 178.

adonc, adonques, *donc* 10, 34, *etc.*

adrescier, *mettre dans la bonne voie* 165.

[aferir], *convenir ; ind. pr.* afiert, affiert 28, 64, 155, *etc.* ; afierent 97 ; *imp.* afferoit 67.

afferable, *convenable* 65, 173.

afferméement, *fortement* 155, 201.

affermer, *établir fortement* 97, 127, 155.

affichiement, *avec affectation* 27.

affigurer, *comparer* 73, 224, *etc.*

affoler, afoler, *blesser* 9, 10.

aguillier, *mercier* 18.

aïe, *aide* 87.

aigue, *eau* 121.

aillors, *ailleurs* 27, 91.

ainsic, ainsis, einsis, ansis, *ainsi* 54, 71, 140, 183, *etc.*

ainz,'ains, *mais* 7, 51, *etc.*; ainz que, ains que, *avant que* 26, 77, *etc.*

aiol, aiole, *aïeul, aïeule*, 3.

aisiéement, *facilement* 22, 105.

aler, *aller* 27, 31, *etc.*; *impér.* aleis 150.

aleüre, *allure*, ADDIT. D 29.

ambatre, *placer* 207.

ambler, *voler* 9.

ameisier, *tenir en paix*, ADD. *B* 51.

amende, amande, *réparation* 40, 141.

amendement, amandement, *amélioration, expiation* 62, 85, 96, 99, *etc.*

amender, amander, *améliorer, corriger* 30, 43, 161, *etc.*

amenuisier, *diminuer* 166.

amer, *aimer* 13, 111, *etc.*; *ind. pr.* ain 70; aimme 2, 81; aimment 26, 41, *etc.*; *impér.* aimme 13; *subj. pr.* aimme 80; *part. p.* amé 49.

amesuré, *qui reste dans la mesure* 95, 138, *etc.*

amesuréement, *en restant dans la mesure* 138.

amesurer (s'), *se modérer* 62, 96, *etc.*

ammileu, *au milieu*, 192.

amonestement, *exhortation*, VAR. *B* 25.

amonnester, *conseiller*, VAR. *B* 26.

amor, *amour* 2, 3, *etc.*

amordre (s'), *s'attacher* 44.

ampereor, *empereur* 233.

ampirier, *empirer* 36, 163.

amplastrer, *se plâtrer* [*le visage*] 184.

[amprendre], *voy.* enprendre.

amprise, amprinse, *entreprise* 152.

an, *on* 7, 8, *etc.*

ancontre, *contre* 41, 81, *etc.*

ancontrer, *rencontrer* 135.

andemain (l'), *le lendemain* 158.

androit, *position sociale* 132.

andui, *tous les deux* 37.

aneantir, *se réduire à rien* 3.

aneur, anor, *honneur* 185, 218.

anfes, *enfant* 2, 7, *etc.*

anforcier, *devenir plus fort* 3.

angignier, *voy.* engignier.

angle, angre, *ange* 17, 143, *etc.*

annemi, *ennemi* 177; *le Diable* 25, 125, *etc.*

anor, *voy.* aneur.

anorer, *honorer* 218.

anortement, *incitation* 25, 125.

ansis, *voy.* ainsic.

ansiurre, *suivre* 135.

antendre, *voy.* entendre.

anterinement, *voy.* enterinement.

antor, *autour de* 28, 108, 112.

antr'occire (s'), *s'entretuer* 61.

anviellir, *vieillir* 163.

aorer, aourer, *adorer, prier* 15, 144, *etc.*

aorner, *orner* 162.

apanre, *apprendre* 12, 14, *etc.*

aparçoivre (s'), *s'apercevoir* 30, 49.

aparecier (s'), *paresser* 167.

apertement, *ouvertement* 144.

apetisier, *devenir plus petit* 3.

[aplanir], *peigner, lisser; ind.pr.* aplaingnent, VAR. *B* 184.

aporter, *comporter* 7.

apostole, *pape* 15.

apparillier, *comparer* 111.

[aprendre], *prendre; ind. pr.* aprannent 11.

après, *d'après* 118.

aprochement, *rapprochement* 22.

arregier, *arracher* 9.

arriers, *en arrière* 27.

as, *aux* 1, 5, *etc.*

asne, *âne* 207, 208.

assener, *assigner* 92.

assoutillier (s'), *s'efforcer* 137.

astrait, *issu, né* 214.

ataindre, *convaincre, toucher* 8, 88, 155.

atant, *à présent, alors* 32, 43, 163.

atemprer, atamprer, *modérer* 27, 43, 94, *etc.*

atirier, atirer, *disposer* 231, 233.

atraire, *attirer* 7.

aubre, *arbre* 108, 109, *etc.*

aucun, *quelque, quelqu'un* 6, 8, 23, *etc.*

aumosnier, *faisant l'aumône* 182.

auques, *quelque peu* 4, 36.

aür, *voy.* eür.

aus, auz, *eux* 2, 16, *etc.*

aus, *aux* 7, 9, 20, *etc.*

ausis, *ainsi, aussi* 11, 50, 52, 74, *etc.* ausis comme, *de même que* 23, 33, *etc.*

autel, autretel, *semblable* 6, 163.

aver, *avare*, VAR. *B* 19, 132.

avilener, avilenir, *déshonorer* 21, 89, 205, *etc.*

avillier *déshonorer* 29, 45.

avisiement, *avec raison* 38.

avoier, *conduire* 1.

avoir, 20, 22, *etc.; prét.* ot, 1, 67, 144, *etc.;* orent 9, 185.

avoutere, *adultère* 77.


Bacheler, *jeune noble qui n'est pas encore chevalier* 68.

bailli, *tuteur* 92.

baissele, *jeune fille* 24.

barat, *fourberie* 59.

barre, *barrière* 116.

baudemant, *hardiment* 36.

baudor, *hardiesse* 8, 50, 88.

baut, *fém.* baude, *hardi en paroles* 11, 21.

beer a, *désirer* 67, 70.

beneoit, *béni* 4, 154, *etc.*

besoig, *besoin* 31, 103, 157, *etc.; bataille* 38, 76.

besoigne, besoingne, *affaire* 74, 84, 105, *etc.*

besoigneus, *malheureux* 178, 182.

bourder, *plaisanter en paroles* 140.

Cele, *celle*, 81, 82, *etc.; celleci* 163 ; *cette* 131.

cels, çaus, ceus, *ceux* 2, 3, 4, *etc.; ceux-ci* 197.

celui, celi, *ce* 122,129; *celui-ci* 124, 204.

ces, *ceux* 102, 158, *etc.*

ceste, *celle-là* 3.

cestui, *voy*. cist.

chaloir, *importer* 7 ; *ind. pr.* chaut 137, 200.

chaoir, *tomber* 189; *ind. pr.* chiet 121; *fut.* cherra, cherront 123.

char, *chair* 203.

chasteé, *chasteté* 93.

chasti, *châtiment* 8.

chatel, *bien, fortune* 163, 185.

chaut, *(pris substantivement) ardeur* 107.

cheitif, *malheureux* 19.

chevance, *bien, fortune* 19, 156, 157.

chevetain, *chef, capitaine,* 61, 176.

chevir, *gratifier* 205; *réfl. se conduire* 112

chief, *tête, commencement, succès* 98, 123, 134, *etc.*

chiere, *face* 9, 153, *etc.*

chufler, *railler, se moquer de* 208.

cil, cel, *cet, ces* 108, 112, *etc.; celui, ceux* 1, 8, *etc.; celui-ci, ceux-ci* 9, 37, *etc.*

cist, cest, cestui, *ce* 17, 135, *etc.; celui-ci* 147; *celui* 149.

clergie, *état ecclésiastique* 14, 15.

coardise, *poltronnerie* 127, 133.

coi, *quoi*, 138, 219.

coi, *tranquille* 27.

cointement, *gentiment*, VAR. *D* 82.

commancierre, *qui représente le principe originel* 196.

commenié (estre), *avoir communié* 53.

comment que, *bien que* 22, 146 ; *de quelque façon que* 42, 47, *etc.*

compaignie, *compagnie militaire* 134.

[comparer], *payer; ind. pr.* comperent 8.

compe, *compte* 172 ; *conte* 85, 190, *etc.*

concoche ? VAR. *B* 195.

confès, *qui s'est confessé,* 53, 97, 183, *etc.*

confort, *soutien, consolation* 93.

conforter, *consoler* 4.

congié, *permission* 23, 150.

conparagier, *comparer* 217.

conquereur, *conquérant* 17.

conquest, *acquisition, bien* 16, 63, 66, *etc.*

conroi, *ordre* 104, 105, 157.

consoil, *conseil* 36, 37, *etc.*

consoillier, *parler bas, en secret* 91.

contant, *procès* 44, 47.

contenance, *tenue* 27, 29 *etc.*

contenement, *conduite* 88, 111.

contenir (se), *se conduire* 104, 130, 139, *etc.; fut.* se contendront 20.

convenance, covenance, *convention* 47.

cop, *coup* 38.

corage, *pensée* 25.

corpable, *coupable* 8, 49.

corpe, *faute*, ADDIT. *E* 117.

corre, *courir* 167.

correcier, *courroucer* 21, 43, 53, 55, *etc.*

costume, *habitude, coutume* 5, 234.

couart, *poltron* 133.

[covrir], *couvrir; ind. pr.* cuevre 19; *part. p.* covertes 31.

creance, *croyance, confiance* 5, 12, *etc.*

creant, *croyant* 229.

creator, *créateur* 109, 203.

cremir, *craindre*, VAR. *D.* 228.

[crever]; *ind. pr.* crieve 39.

criour, *crieur* 229.

cuer, *cœur* 13, 50, *etc.*

cui, *qui (au cas rég. sg. et plur.)*, 6, 10, *etc.*

cuidier, *croire* 14, 35, *etc.*

cure, *soin, souci* 177, 213.

cusançoneus, *qui cause du souci* 101.

Darrien, darreen, darrean, *dernier* 49, 166, 179, *etc.*

de, *(après un comparatif) que* 38, 41.

deable, *diable* 25, 208, 220.

debonaire, *doux* 131, 211, *etc.*

debonairement, *avec bonté, avec douceur* 57, 130, *etc.*

debonaireté, *bonté, douceur* 6, 127, *etc.*

deciple, *disciple* 14, 111, *etc.*

deçoivre, *tromper* 26.

defaute, *manque* 185.

deinté, *honneurs rendus* 207.

deïté, *divinité* 203, 232.

delez, *à côté de* 189.

delit, *plaisir* 202.

delitable, *agréable* 194.

delitier (se), *se réjouir* 159.

delivrance, *l'action de terminer, de venir à bout de,* 158.

delivre, *délibéré, hardi* 75.

delivrer, *faire, terminer* 153.

demendierre, *quémandeuse* 21.

dementi (estre), *cesser d'être vrai* 148.

demorer, *manquer de, tarder* 20, 79.

denteüre, *dentition*, ADDIT. *E* 11.

departir, *distribuer, partir* 61, 78, 114, *etc.*

desatempré, *déréglé* 35.

descovenable, *qui ne convient pas* 56.

desdaig, *dédain* 67.

desdaigneus, *dédaigneux* 24, 28.

deseritement, *privation d'un héritage, d'un bien* 41.

deseriter, *priver d'un héritage, d'un bien* 19, 40, 41.

desesperance, *désespoir* 140, 149.

desloiauter (se), *manquer à la loyauté* 47.

desmesure, *manque de mesure* 138, 177.

desoz, *dessous* 44.

despandre, despendre, *dépenser* 85, 132, etc.

despans, *dépense* 161.

despecier, *mettre en pièces* 39.

despire, *mépriser* 81, etc.

despit, *mépris, pitié* 170, 174.

desquenoissance, *ignorance* 163.

desserte, *mérite, récompense* 146, 148, etc.

desservir, *mériter* 116, 154, etc.

destorner, *détourner* 29.

destraindre, *forcer* 30, 51.

destre, *droite* 187.

destroitement, *rigoureusement* 7, 21, etc.

destruit, *ruiné* 19.

desvé, *fou* 10, 186.

devers, *vers* 135, 230.

devise, *parole* 160.

deviser, *raconter* 1, 5, 73, etc.

dis (a touz), *toujours* 46.

discrecion, *discernement, sagesse* 118.

divers, *capricieux* 3.

doctor, *docteur* 109.

doctriner, *enseigner* 1, 227.

doi, *doigt* 91, 136.

dolireus, *douloureux* 228.

doloir, *souffrir* 49, 173.

dolor, dolour, *douleur* 53, 173, etc.

don, *dont* 109.

doneor, *donneur* 163.

doner, *donner* 23, 25, etc.; *fut.* donrai 70; donront 168; *condit.* donroit 142, 220; *subj. pr.* doint 85, 137, etc., doigne 87, 217; doignent 20, 31, etc.

dongereus, *dangereux* 48, 166.

dongier, *tort* 92.

douçor, *douceur* 5.

doute, *crainte* 39, 51, etc.

douter, *craindre* 23, 56, etc.

doutif, *craintif* 227.

droit (a), droit, *justement* 10, 40, 220, etc.

droitement, *exactement* 225.

droiture, *règle, redressement* 61, 62, 117, etc.

droiturier, *qui agit selon le droit* 120, 142, etc.

dui, *deux* 12, 14, etc.

duqu'en, *jusqu'en*, VAR. D 226.

Eise, *voy.* Aaise.

el, *dans le* 213, 225.

els, elz, *eux* 2, 6, 228, etc.

en, *on* 118, 127, etc.

engigneus, *rusé* 9.

engignier, angignier, *mettre à mal* 25, 206.

ennorter, *exhorter* 26.

[enprendre], *entreprendre; imp.* enprenoit 159; *prét.*

amprint 1 ; *subj. pr.* anpraigne 134;*part. p.* anprins, *pris (en parlant du feu)* 33.

enquerre, *rechercher* 98, 137.

entaillier, *sculpter* 142.

entechié, *qui a telle ou telle qualité* 17, 152.

entencion, *intention* 82.

entendant, *intelligent, désireux* 25.

entendre, antendre, *comprendre* 12, 118, *etc.;* entendre a, *s'occuper de* 18, 105, *etc.*

ententif, *attentif, appliqué* 54, 139.

ententivement, *avec application* 107, 111, *etc.*

enterinement, anterinement, *entièrement* 68, 120, *etc.*

enviz (a), *à contre-cœur* 163.

enz, *dedans* 230.

eriter, *doter* 102.

es, *dans les* 1, 3, *etc.*

escalufré, *fougueux* 37, 127, *etc.*

escalufrement, *fougue* 97.

eschars, *avare* 19, 23, *etc.*

escharseté, *avarice* 70.

escheoir, *arriver* 128.

escheoite, eschoite, *succession* 102, 169.

eschevir (s'), *se dérober* 134.

eschiffler, *se moquer de,* VAR. E 230.

eschiver, *éviter* 54, 137. *etc.*

escommenié, *excommunié* 45.

escommeniement, *excommunication* 46.

escrier, *accuser* 88.

ese, *voy.* Aaise.

esforcier, *augmenter* 7.

esgarder, *regarder* 27, 219.

eslit, *choisi* 29.

esme (faillir a son), *ne pas valoir ce qu'on s'estime* 35.

espace, (*masc.*) 171, (*fém.*) 117.

esparnier, *ménager* 52, 158.

esploitier, *agir, travailler* 17, 107, 113, *etc.*

esprendre, *allumer* 33.

essample, example, *exemple* 4, 59, 180, *etc.*

essaucier, *élever* 120.

essil, *exil* 98, 100.

essoigne, *excuse* 153.

estable, *ferme, rassis* 86, 93, *etc.*

estable, *écurie* 208.

establissement, *loi* 62, 160.

estoire, *récit* 20.

estouper, *fermer* 30.

[estovoir], *convenir; ind. pr.* estuet 45, 54, *etc.;* (*pris substantivement*) *le nécessaire, nécessité* 87, 101, *etc.*

estrange, *étranger* 6, 48, *etc.*

estre, *être* 4, 7, *etc.; fut.* iert 117.

estrif, *querelle* 44.

estriveor, *querelleur* 44.

estudieusement, *avec soin,* ADDIT. *D* 54.

estuier, *mettre dans un étui, serrer* 74, 162.

eür, heür, aür, *chance* 128, 206, 208.

eüré, *heureux* 117, 206.

Faille, *manque* 29, 81, 184.

faillir, *manquer, tomber* 62,
141, 153, *etc.; ind. pr.*
faut 108, 109, 180, *etc.*;
faillent 35; *fut.* faudra 123 ;
*condit.* faudroit 78 ; fau-
droient 221.

faitissement, *joliment*, VAR. *A*
125.

fame, *réputation* 80.

felenessement, *traitreuse-
ment*, VAR. *A* 99.

felon, *méchant* 5, 11.

felonie, *méchanceté* 127, 130.

ferir, *frapper* 133; *ind. pr.*
fiert 39; *part. p.* feru 11, *(en
parlant de la monnaie)* 45.

fiance, *confiance* 62, 167.

finer, *finir* 235; *mourir* 166,
226; *financer* 131.

foïr, *fuir* 43.

forches, *gibet* 9.

forme, *moule*, ADDIT. *E* 117.

forsenerie, *furie, violence,*
VAR. *E* 135.

franc, *de caractère noble* 164,
211, 212, *etc.*

fremi, *fourmi* 74.

fresloniere, *troupe de frelons,*
VAR. *B* 135.

fuerre, *fourreau*, ADDIT. *E*
117.

fust, *bois* 142.

Gaber (se), *plaisanter* 50.

gaeign, *gain* 61.

gaeigneur, *laboureur* 214.

garce, *jeune fille* 26.

garder 27, 29, *etc.; ind. pr.*
gart 116.

garnir, *instruire* 106, 107;
*part. p.* garni, *en mesure
de* 38, 63, *etc.*

gast, *gaspillage* 132.

gaster, *gaspiller* 171.

gentil, *noble* 212, 214.

gentillesce, *noblesse* 214.

giter, *jeter* 25.

goial, *joyau*, VAR. *B* 39.

gourle, *bourse*, ADDIT. *E* 117.

[gourt], *fém.* gourde, *gauche,
emprunté,* 28.

gracier, *remercier* 167, 219,
*etc.*

gracieus, *touché de la grâce*
179.

graille, *mince* 7.

greigneur, grignor, greignor,
*plus grand* 38, 58, 84, *etc.*

grené, *qui a porté graine* 121.

gros, *épais d'esprit* 127, 137.

grossement, *en gros, sommai-
rement* 141.

guerpir, *abandonner* 60.

guerredon, *récompense* 119,
146, *etc.*

guerredoner, *récompenser*
120, 205, *etc.*

Haïr, 172, *etc; ind. pr.* het
174, 175.

hanter, *fréquenter* 186.

hardement, *hardiesse* 127,
133.

(h)ars, *brûlé*, VAR. *B* 178.

hautisme, *très haut* 33, 218.

heritage, eritage, *immeuble*
66, 68, 102, *etc.*

herite, *hérétique* 178.

hernois, *armure*, VAR. *B* 161.

heür, *voy*. eür.

honor, honour, oneur, *honneur* 18, 147, 218, *etc.*

honoréement, *honorablement* 87, 159.

[honorer]; *ind. pr.* honeurent 195.

hore, *heure* 17.

hyreson, *hérisson*, ADDIT. *E* 101.


laue, *eau* 189.

iaus, ieus, *yeux* 27, 61, 230, *etc.*

icil, *celui-ci* 117

iert, *voy.* estre.

iqui, *ici* 68.

[issir], *sortir; ind. pr.* ist, ADDIT. *B* 23.

itel, *tel* 227.


Ja, *déjà* 4, 9, *etc.; même* 25, 3o; *(avec une négation) jamais* 14, 19, *etc.;* ja soit ce que, *bien que* 53, 166, *etc.*

joli, *joyeux* 56, 64.

jostisier, justicier, *juger, exécuter, gouverner* 8, 51, 83.

jostisier, justicier, *juge* 9, 10, *etc.*

jovent, jovant, jouvent, *jeunesse* 1, 32, 73, *etc.*

jovente, *jeunesse* 35.

juel, *joyau* 39.

juïse, *jugement* 9, ADDIT. *D* 29.

Labor, *travail* 120, 121.

laborer, labourer, *travailler* 75, 118, 119, *etc.*

lai, *laïque* 15, 85, 141.

laidangier, *injurier* 49.

laidir, *maltraiter* 40.

laissier (*act. et neutre*), *cesser* 94, 161; *débarrasser* 171; [laissier a], *manquer à; fut.* lairont 36.

larrecin, *larcin* 8, 9.

leaument, leiaument, *loyalement* 118, 197.

legier, *facile* 15, 86.

legierement, de legier, *facilement* 22, 3o, *etc.*

lei, *à elle* 22.

leolime, *fém. de* leonin, *de même consonance* 232.

lerre, *larron* 10.

leu, *lieu, occasion* 2, 38, *etc.*

[lever]; *ind. pr.* lieve 57, 153, *etc.*

li (*article*), *le* 6, 7, *etc.; les* 12, 14, *etc.*

li (*pronom*), *elle,* 25, 162, *etc.; à lui, à elle* 1, 25, *etc.*

lice, *barrière* 116.

lignie, *lignée* 203.

lime, *tracas* 232.

lober, *caresser* 2.

loer, *louer* 111, 154, *etc ; conseiller* 53, 65, *etc.*

loier, *salaire* 163, 215, *etc.*

loig, *loin* 182.

loquance, *parole* 6.

lor, *leur, leurs* 4, 5, 7, *etc.*

losange, *louange* 20.

losangier, *louangeur* 25.

losengier, *flatter* 55.

Mahaignier, *voy.* mehaignier.
mainie, *famille* 28, VAR. *A*
194.
mains, *moins* 12, 29, *etc.*
maiour, *intendant,* ADDIT. *E*
117.
mal, *mauvais* 4, 11, *etc.*
malecieus, *rusé* 115.
malement, *d'une façon mau-
vaise* 234.
mandemant, *communication
écrite* 115.
mander, *faire savoir, en-
voyer* 25, 97, *etc.; ind.pr.*
mant 116.
mangier, *manger* 74; *ind.
pr.* manjuent 108, 110.
manjoure, *mangeoire* 208.
maumetre (se), *se tourmen-
ter* 198.
mauvestié, mauvistié, *mé-
chanceté* 76, 139, *etc.*
mehaignier, mahaignier,
*souffrir* 5; *estropier* 40.
mehaing, mehaig, *souffrance*
189, 227.
menaie, *compassion* 197.
menor, *plus petit* 116, 197.
menuier, *de peu d'impor-
tance,* VAR. *C* 19.
mercier, *remercier* 57.
mergier, mirgier, *médeciner*
51, VAR. *B* 51.
merite, *(fém.)* 221.
mervillier, *s'étonner* 141.
mesaise, *misère* 72, 75, *etc.*
mesaisié, *misérable* 199, 202.

mescheance, *mauvaisechance*
62, 189, *etc.*
mescheoir, *arriver malheur*
104, 107, 177.
meschief, *insuccès, manque*
23, 134, *etc.*
mescreandise, *incrédulité* 149.
mescroire, *ne pas croire* 112.
meslif, *querelleur* 8.
mestier, *besoin* 3, 20, *etc.*
mestroier, maitroier, *être le
maître de* 15, 20.
miaudre, *meilleur* 14, 193.
miaus, mialz, *mieux* 1, 12,
41, *etc.*
mie, *particule renforçant la
négation* 6, 7, *etc.*
mirer, *regarder* 63; *se mi-
rer a, porter son esprit sur*
5, 169.
misericort, *miséricordieux*
93, 236.
moian, moien, *moyen* 58, *etc.*
monstier, montier, *monas-
tère* 59, 150, 156.
morir *mourir* 39, 45, *etc.;
ind. pr.* muert 43, 52, *etc.;*
muerent 33, 99, *etc.; subj.
pr.* muire 101.
motir, *raconter* 26, 73.
moustrer, mostrer, *montrer* 1,
73, 232, *etc.*
[movoir]; *ind. pr.* muevent
139.
muete, *départ* 180.
murtrir, *tuer* 8.

Ne, *ni* 6, 19, *etc.;* ne que,
*non plus que* 36.

née (riens), *pas une chose* 98.
nel, *ne le* 76, 202.
nelui, *personne* 36.
nes, *ne les* 102, 221.
nès, neïs, *même* 18, 61, 148, *etc.*
nice, *niais* 117, 140, *etc.*
nicement, *niaisement* 140, 150, *etc.*
niceté, *bêtise* 207.
niés, *neveu* 37, 38.
nonper, nonpeir, nomper, *sans égal* 111, 203, 218.
nuisance, *action de nuire*, VAR. *B* 214.
nuns, *nul* 230.

O, *avec* 17, 41, *etc.*
oïr, *entendre* 57, 156, *etc.; ind. pr.* oie 21; oit 34; oient 47, 110, *etc.; prét.* oï 68; oïrent 231; *fut.* orra 47, 140, *etc.;* orrez 21, orreiz 86, orroiz 118, *etc.; subj. pr.* oez 76; *part. pr.* oiant 137; *part. p.* oï 7, 14, *etc.*
oiseus, *oisif* 153.
omnipotent, *tout-puissant* 93, 154.
onques, *jamais* 5, 17, *etc.*
ordenéement, *avec ordre* 53, 231, 233.
ordenement, *action de mettre en ordre* 105.
ore, *heure* 153.
orle, ourle, *bord* 58, 167, 230.
ort, *sale* 3, 175.
ostoier, *guerroyer* 76.
ou, *dans le* 7, 11, *etc.*

outragecuidance, *erreur pour* outrecuidance (?), VAR. *C* 131.
outréement, *excessivement* 21, 41, *etc.*
ovre, uevre, *œuvre* 16, 24, 34, 90, *etc.*
ovrer, *travailler* 24, 39, *etc.; ind. pr.* oevre 64, 65.

Paiennime, *pays païen* 135.
palais (a), *au grand jour, à découvert* 218.
panre, prandre, *prendre* 2, 5, 180, *etc.; ind. pr.* prant 8, 136, *etc.;* prannent 110, 113.
papelart, *dévot*, VAR. *B* 58.
parcreü, *grandi* 121.
pardonierre, *qui pardonne* 62.
parfaisierre, *qui parfait l'œuvre* 196.
parfit, parfet, *parfait* 108, 110, *etc.*
parfitement, *parfaitement* 21.
parhonir, *déshonorer* 185.
[parler]; *ind. pr.* parole 11, 21, *etc.*
[paroir], *apparaître; ind. pr.* pert 175.
paruser, *terminer* 230.
pascor, pascour, *dimanche de Pâques*, 73.
pechierre, pecheor, *pécheur* 62, 208, *etc.*
penance, *pénitence* 82, 145, *etc.*
pener (se), *s'efforcer* 138; *ind. pr.* se poinent 113.

peor, poieur, *pire* 48, 132,
179.

[perdre]; *ind. pr.* pert, 54,
136.

pesme, *le pire* 175.

piscatoire, *purgatoire*, VAR. *B*
54.

plaire 219; *ind. pr.* plest
16, 70, *etc.*

plaisantier, *de propos libre*
28.

plait, plet, *procès* 46, 131,
*etc.*

po, poy, *peu* 3, 169, *etc.*

poigneïz, *combat*, VAR. *C* 38.

point, *peint* 142.

pooir, *pouvoir* 35; *ind. pr.*
puet 2, 14, *etc.*; puent 8,
pueent 26, 30, *etc.*; *imp.*
pooit 68, 143, *etc.*; *prét.*
pot 68; *fut.* porrai 70;
porra 12, 38, *etc.*; porront
18, 77; *condit.* porroit 5,
43, *etc.*; porroient 6, 20,
*etc.*; *subj. pr.* puisse 14,
154; puist 63; puissent 66;
*subj. imp.* poïst 141; peüst
23; peüssent 158.

pooir, *force militaire* 135.

poraler, *parcourir* 106.

porposement, proposement,
*volonté* 86, 93, 151, 186.

porsiurre, *poursuivre* 62, 96.

porveamment, *avec pré-
voyance* 121.

porveance, *prévoyance* 56.

porveant, *prévoyant* 95.

porveoir, *pourvoir, procurer,
examiner* 7, 63, *etc.*; *fut.*
porverra 205; *part. p.* por-

veü 41, 63; *réfl. se pour-
voir, s'appliquer* 27, 102;
*ind. pr.* se porvoit 100,
101; *prét.* se porvit 98.

porveüe, *prévoyance* 29.

preudome, prodome, *homme
honorable* 17, 49, *etc.*

privé, *parent* 6, 64, *etc.*; *de
commerce facile* 28; privé
(a), *en particulier* 218.

proïme, *prochain* 13.

pruz, *vaillant*, ADDIT. *C* 37.

puor, *puanteur* 33.

Quan que, *tout ce que* 68, 70,
*etc.*

quart, *quatrième* 73, 156.

[queillir], *cueillir*; *ind. pr.*
quieut 74.

quenivet, quanivet, *petit cou-
teau* 162, 163, *etc.*

Raençon, *rançon* 69.

[raimbre], *racheter, mettre à
rançon, punir*; *ind. pr.*
reant 69; raimbent 83;
*prét.* reaint 57, raeint
144.

rainablement, resnablement,
regnablement, *avec raison*
1, 63, 73, 114, *etc.*

rancheoir, *retomber* 96.

ranpant, *montant* 108.

rassoté, *affaibli d'esprit* 36.

recoillir, *accueillir* 20.

[recroire, se recroire], *lasser,
se lasser*; *ind. pr.* recroit
34; se recroient, VAR. *E*
164; *part. p.* recreü 36.

regnableté, *raisonnement* 65.

reinable, resnable, *raisonna-
ble* 95, 113, *etc.*

religion, *état religieux* 152.

remaindre, *rester, cesser,
finir* 56; *fut.* remaindra
88; *subj. pr.* remaigne
124; *part. p.* remeis 36;
remese 184, 185, 221.

remambrance, remembrance,
*souvenir* 57, 71, *etc.*

remambrer (se), *se souvenir*
229.

remuer, *changer* 36.

renoier, *renier* 112.

repairier, *demeurer* 28, 83.

rescorre, *recouvrer* 134.

respitier, *différer, donner du
répit* 158, 230.

respons, *réponse* 25, 67,
*etc.*

retraire, *raconter* 115; *prét.*
retraïst 10; *fut.* retraira
176; *part. p.* retrait 148,
176; *réfl. se retirer, ces-
ser* 8, 96, *etc.; prét.* s'an
retraistrent 163.

reveler (se), *se rebeller* 42.

rewain, *regain* 73.

ribaut, *débauché* 92.

rigle, *règle* 152.

riote, *discussion, dissertation*
73.

rissole, *viande hachée enve-
loppée dans de la pâte frite,*
ADDIT. *E* 117.

robeor, *voleur* 61.

roignier, *couper* 157.

roman, *récit en langue vul-
gaire,* VAR. *B* 17.

[Saillir], *sauter; ind. pr.*
saut 33.

saintefiement, *sanctification*
149.

saintime, *très saint* 154.

salver, *sauver* 144.

samblance, *apparence* 9, 20,
143.

san, *voy.* sens.

sapiance, *sagesse* 110.

sarmoneur, *prédicateur* 235.

sauverre, *sauveur* 203.

[sechier]; *ind. pr.* seche, soi-
che 121.

secorre, *secourir* 178.

sens, senz, san, *sens, pré-
cepte* 6, 20, 38, *etc.*

sergent, *serviteur* 105.

serveor, *serviteur* 70, 71, *etc.*

seursenbler, *voy.* sorsambler.

si, *particule affirmative ex-
plétive* 8, 9, 10, *etc.*

siecle, siegle, *monde* 14, 16,
*etc.*

sier, *couper; ind. pr.* soie 74.

siurre, *suivre* 5, 111, *etc.;
prét.* siurrent 124.

soe, soue, *sienne* 2, 65, 187,
*etc.*

soffraite, *disette* 87.

soffrir, *souffrir* 1, 8, *etc;
ind. pr.* sueffre, sueffrent
195, *etc.; permettre, sup-
porter* 11, 19, *etc.; ind. pr.*
soffrent 50; sueffrent 138,
197, *etc.*

[soloir], *avoir l'habitude de;
imp.* soloient 36.

sorsambler, seursenbler, *res-
sembler* 73, 111, 112, *etc.*

[soudre], *payer; subj. pr.*
soille, VAR. *A E* 217.
soufreor, *qui sait supporter*
197.
sougiet, *soumis* 4.
[sourdre], *surgir; ind. pr.*
sourdent 153; *part. p.* sor-
ses 157.
soutil, *fin, intelligent* 9, 25,
35, *etc.*
soutilleté, soutillece, *finesse,
intelligence* 65, 166.
soutilment, sotilment, *avec
intelligence* 116, 124.
subjecion, subjection, *sou-
mission* 21, 41, *etc.*
suen, *sien* 66.
suor, *sueur* 205.


[Taindre], *teindre; ind. pr.*
taingnent 184.
talant, talent, *désir* 25, 185.
targier, *tarder* 66.
teche, tesche, tache, *qualité*
11, 19, 31, 139.
tenir, *tenir, considérer* 62;
*subj. pr.* taigne 92, tiegne
185; taignent 69; *réfl. se
retenir* 55; *fut.* se tanront
125.
tens (par), *de temps à autre*
14, 191.
terrien, *de la terre* 17, 97,
111, *etc.*
test, *pot,* ADDIT. *D* 11.
tiers, *fém.* tierce, *troisième* 2,
73, *etc.*
tolir, *ôter* 29.
traire, *retirer* 27; a chief

traire, *mener à fin, achever*
177.
trait, *action* 29.
traïtor, *traître* 42.
traveillier (se), travillier (se),
*s'efforcer* 20, 27, 75, *etc.*
traverser, *regarder de côté*
27.
tres que, *jusqu'à ce que* 191.
trover, *trouver* 46, 185, *etc.;
ind. pr.* trueves 38; trueve
140; truevent 207; *subj. pr.*
truisent 87.
troveüre, *composition litté-
raire* 233.
tuit, *tous* 5, 6, *etc.*


Ues, eus, oes, *besoin, intérêt* 2
(p. 143), 204, VAR. *B E* 204.
uevre, *voy.* ovre.
user la pais, *baiser la patène*
150.


Valoir 35, *etc.; condit.* vaus-
sist 50, vausist 143.
vasselage, *bravoure* 134.
vecie, *vessie* 39.
veel, *veau,* VAR. *A* 39, 52.
venir, 8, *etc.; prét.* vint 163;
vindrent 67; *fut.* vendront
62; *subj. pr.* vaigne 42;
vaignent 128.
verai, *vrai* 57.
vers, *strophe* 232.
vesprée, *soir* 159.
viez, *vieux* 149.
ville, *ferme, exploitation
agricole,* ADDIT. *E* 117.

vilotiere, *coureuse* 21, 22.

virge, *vierge* 1, 154.

vis, *visage* 10.

vivre 56, *etc.; prét.* vesqui 98 ; vesquirent 188; *subj. imp.* vesquit 53 ; *part. p.* vescu, vesqu, 97, 98, *etc.*

voie (toute), voies (toutes), *toutefois* 3, 45, *etc.*

voir, *vrai* 5, 6, 7, *etc.*

volanteïf, volantif, *qui a la volonté* 126, 184.

voloir, *vouloir* 221 ; *ind. pr.* vueil 70; viaus 69; viaut 29, 103, *etc.,* vuet 1, 2, *etc.;* vuelent 30, 31, *etc.; imp.* voloit 235; voloient 162 ; *prét.* volt 4, 24, vost 67, 203; *fut.* voudra 165; vorront 111; *condit.* vodroit 6, vorroit 80; voudroient 235; *subj. pr.* vueille 154; *subj. imp.* vossist 43, vaussist 50, voissist 103; vossissent 186.

# TABLE DES NOMS PROPRES

*Les numéros renvoient aux paragraphes.*

# ERRATA

Page 2, ligne 11, elz corrigez eus (au sens d'ues) d'après les mss. B D.
— — l. 16, lobent, on pourrait corriger hobent.
— — l. 31, après losaingent, ajoutez : D et le losent.
— 3, l. 8, supprimez la virgule après abominacions.
— 5, l. 29, des emfans, lisez l. c. des emfans.
— — dernière ligne, se doit, lisez B se doit.
— 9, l. 21, proïme, lisez proime.
— 10, l. 5, il eût été préférable d'adopter la leçon des mss. C D E.
— 12, l. 15, nés, lisez nès.
— 13, l. 18, supprimez la virgule après maistres.
— 14, l. 7, supprimez la virgule après anfance.
— 15, l. 21, supprimez la virgule après por ce.
— 16, l. 22, deables, lisez plutôt Deables.
— — l. 23, eles, corrigez ele d'après les mss. B C D E.
— 17, l. 2, l'anemi, lisez plutôt l'Anemi.
— 18, l. 9, supprimez le point et virgule après avant.
— 19, l. 16, lor, corrigez l'ore d'après les ms. C E.
— — l. 33, 27 E lore, lisez 27 C E lore.
— 20, l. 2 et 3, après fol fet, remplacez le point par une virgule, et après monte, remplacez la virgule par un point.
— — l. 19, au, corrigez as d'après le ms. D.
— 23, l. 10, estalufrez, lisez escalufrez.
— — l. 19, lors, lisez lor.
— 24, l. 2, pechiéz, lisez pechiez.
— — l. 6, juel, lisez viel.
— 25, l. 20, outreement, lisez outréement.
— 26, l. 18, supprimez la virgule après saison.
— 29, l. 13, portant, lisez por tant.
— 30, l. 4, supprimez la virgule après mesfet.
— 32, l. 13, après siecle, remplacez les deux points par une virgule.
— — l. 18, supprimez la virgule après autre.
— 34, l. 5, supprimez la virgule après fame.
— 37, l. 2, porsivrre, lisez porsiurre.
— 38, l. 2, orer, lisez ovrer.

*Page* 38, *l.* 11, moïen, *lisez* moien.

— — *l.* 19, orer, *lisez* et orer.

— 39, *l.* 20 *et page* 40, *première ligne,* treu, *lisez* treü.

— 40, *l.* 9, *supprimez la virgule avant* donoit *et placez-la après.*

— — *l.* 16, balliz, *lisez* bailliz.

— 41, *l.* 5, treuage, *lisez* treüage.

— — *l.* 6, bée, *rétablissez* bé *d'après le ms.* A.

— 42, *l.* 17 *et ailleurs,* monstrer, *lisez* moustrer.

— 44, *l.* 7, *supprimez la virgule après* ont.

— 45, *l.* 13, avint, *corrigez* avient *d'après le ms.* B.

— 47, *l.* 13, *après* voisins, *remplacez la virgule par un point et virgule.*

— — *l.* 14, *après* repairent, *supprimez le point et virgule.*

— — *l.* 15, *après* mesavenir, *remplacez le point par une virgule.*

— — — *après* mesavenu, *mettez une virgule.*

— 49, *première ligne,* ele, *lisez* eles.

— 51, *l.* 13, *supprimez la virgule après* ribaus.

— 53, *l.* 10, afferme, *lisez* affermé.

— 56, *l.* 29, *supprimez la virgule après* elles.

— 58, *l.* 13, *supprimez la virgule après* quar.

— 59, *l.* 10, *après* fait, *remplacez le point et virgule par une virgule.*

— — *l.* 15, *supprimez la virgule après* raisons.

— 60, *l.* 9, bons, *corrigez* bon *d'après les mss.* B C D E.

— 61, *l.* 5, au p., *lisez* an. p.

— 63, *l.* 3, de parti, *lisez* departi.

— — *l.* 9, toute voies, *corrigez* toute voie.

— — *l.* 10, *supprimez la virgule après* oevre.

— — *l.* 20, *supprimez la virgule après* fist.

— 64, *l.* 8, *après* menor, *remplacez la virgule par un point.*

— 65, *l.* 24, *mettez une virgule après* ensamble.

— — *l.* 33, *après* glouton, *remplacez la virgule par un point d'exclamation.*

— 66, *l.* 29, *après* l'ermite, *remplacez la virgule par un point.*

— 68, *l.* 14, escritures, *lisez plutôt* Escritures.

— 69, *l.* 4, *mettez un point et virgule après* chiet, *et supprimez-le après* aubres.

— 71, *l.* 2, *supprimez la virgule après* nature.

— 73, *l.* 14, *mettez une virgule après* sires.

— 74, *l.* 4, portant, *lisez* por tant.

— 78, *l.* 22, parla, *corrigez* parlast *d'après le ms.* B.

— — *l.* 35, *après* A parlent, *ajoutez :* B parlast.

— 79, *l.* 2, *supprimez la virgule après* mervillier.

— 80, *l.* 17, *supprimez la virgule après* avoir.

*Page* 81, *l.* 2, *supprimez la virgule après* fist.
— — *l.* 8, *ajoutez une virgule après* sires.
— 83, *l.* 7, escritures, *lisez plutôt* Escritures.
— — *l.* 13, l'evvangile, *lisez* l'euvangile.
— 87, *l.* 19, j'entendrai, *lisez* i entendrai.
— 88, *l.* 22 *et* 23, *ajoutez une virgule après* norrir, *et supprimez-*
        *la après* croistre.
— 90, *l.* 6, retraïstrent, *lisez* retraistrent.
— — *l.* 8, correca, *lisez* correça.
— 92, *l.* 9, vie, *lisez* viel.
— 95, *l.* 17, riches, *corrigez* riche.
— 97, *l.* 11, raisont, *corrigez* raisons *d'après les mss.* B E.
— — *l.* 31, 11 bon, *lisez* 11 B bon.
— 104, *l.* 16, aprorche, *corrigez* aproiche.
— — *l.* 21, *supprimez la virgule après* LX.
— 108, *l.* 22, deité, *lisez* deïté.
— 110, *l.* 14 *et* 17, *il eût été préférable d'adopter la leçon du*
        *ms.* B *(renvois* 3 *et* 6).
— — *l.* 22, autor, *lisez* antor.

*Publications de la* SOCIÉTÉ DES ANCIENS TEXTES FRANÇAIS.
*(En vente à la librairie* FIRMIN DIDOT ET Cⁱᵉ, *56, rue
Jacob, à Paris.)*

————

*Bulletin de la Société des anciens textes français* (années 1875 à 1888).
N'est vendu qu'aux membres de la Société au prix de 3 fr. par année, en pa-
pier de Hollande, et de 6 fr. en papier Whatman.

*Chansons françaises du* xvᵉ *siècle* publiées d'après le manuscrit de la Biblio-
thèque nationale de Paris par Gaston PARIS, et accompagnées de la musi-
que transcrite en notation moderne par Auguste GEVAERT (1875). *Epuisé.*
   Il reste quelques exemplaires sur papier Whatman, au prix de.... 37 fr.

*Les plus anciens Monuments de la langue française* (ixᵉ, xᵉ siècles) pu-
bliés par Gaston PARIS. *Album* de neuf planches exécutées par la photogra-
vure (1875).................................................... 30 fr.

*Brun de la Montaigne,* roman d'aventure publié pour la première fois, d'après
le manuscrit unique de Paris, par Paul MEYER (1875)............. 5 fr.

*Miracles de Nostre Dame par personnages* publiés d'après le manuscrit de
la Bibliothèque nationale par Gaston PARIS et Ulysse ROBERT, t. I à VII
(1876, 1877, 1878, 1879, 1880, 1881, 1882), le vol............... 10 fr.
   Texte complet. Le t. VIII, qui est sous presse, contiendra le vocabulaire.

*Guillaume de Palerne* publié d'après le manuscrit de la bibliothèque de l'Ar-
senal à Paris par Henri MICHELANT (1876)...................... 10 fr.

*Deux Rédactions du roman des Sept Sages de Rome* publiées par Gaston
PARIS (1876)..................................................... 8 fr.

*Aiol,* chanson de geste publiée d'après le manuscrit unique de Paris par
Jacques NORMAND et Gaston RAYNAUD (1877).................. 12 fr.

*Le Débat des Hérauts de France et d'Angleterre,* suivi de *The Debate be-
tween the Heralds of England and France, by* John COKE, édition com-
mencée par L. PANNIER et achevée par Paul MEYER (1877).......... 10 fr.

*Œuvres complètes d'Eustache Deschamps* publiées d'après le manuscrit de la
Bibliothèque nationale par le marquis DE QUEUX DE SAINT-HILAIRE, t. I,
II, III, IV et V (1878, 1880, 1882, 1884, 1887), le vol.......... 12 fr.

*Le Saint Voyage de Jherusalem du seigneur d'Anglure* publié par François
BONNARDOT et Auguste LONGNON (1878)....................... 10 fr.

*Chronique du Mont-Saint-Michel* (1343-1468) publiée avec notes et pièces
diverses par Siméon LUCE, t. I et II (1879, 1883), le vol.......... 12 fr.

*Élie de Saint-Gille,* chanson de geste publiée avec introduction, glossaire et
index, par Gaston RAYNAUD, accompagnée de la rédaction norvégienne tra-
duite par Eugène KOELBING (1879)............................... 8 fr.

*Daurel et Beton,* chanson de geste provençale publiée pour la première fois
d'après le manuscrit unique appartenant à M. A. F. Didot par Paul MEYER
(1880)......................................................... 8 fr.

*La Vie de saint Gilles,* par Guillaume de Berneville, poème du xiiᵉ siècle pu-
blié d'après le manuscrit unique de Florence par Gaston PARIS et Alphonse
BOS (1881)..................................................... 10 fr.

*L'Amant rendu cordelier à l'observance d'amours,* poème attribué à MARTIAL
D'AUVERGNE, publié d'après les mss. et les anciennes éditions par A. DE MON-
TAIGLON (1881)................................................. 10 fr.

*Raoul de Cambrai*, chanson de geste publiée par Paul MEYER et Auguste LONGNON (1882)............................................... 15 fr.

*Le dit de la Panthère d'Amours*, par Nicole DE MARGIVAL, poème du XIIIe siècle publié par Henry A. TODD (1883)............................... 6 fr.

*Les œuvres poétiques de Philippe de Remi, sire de Beaumanoir* publiées par H. SUCHIER, t. I-II (1884-85)...................................... 25 fr.
Le premier volume ne se vend pas séparément ; le second volume seul 15 fr.

*La Mort Aymeri de Narbonne*, chanson de geste publiée par J. COURAYE DU PARC (1884)....................................................... 10 fr.

*Trois versions rimées de l'Evangile de Nicodème* publiées par G. PARIS et A. BOS (1885)....................................................... 8 fr.

*Fragments d'une vie de saint Thomas de Cantorbery* publiés pour la première fois d'après les feuillets appartenant à la collection Goethals Vercruysse, avec fac-similé en héliogravure de l'original, par Paul MEYER (1885).. 10 fr.

*Œuvres poétiques de Christine de Pisan* publiées par Maurice ROY, t. I (1886)......................................................... 10 fr.

*Merlin*, roman en prose du XIIIe siècle, publié d'après le ms. appartenant à M. A. Huth, par G. PARIS et J. ULRICH, t. I et II (1886)........... 20 fr.

*Aymeri de Narbonne*, chanson de geste publiée par Louis DEMAISON, t. I et II (1887)......................................................... 20 fr.

*Le Mystère de saint Bernard de Menthon*, publié d'après le ms. unique appartenant à M. le comte de Menthon, par A. LECOY DE LA MARCHE (1888). 8 fr.

*Les quatre âges de l'homme*, traité moral de Philippe DE NAVARRE, publié par Marcel DE FRÉVILLE (1888)......................................... 7 fr.

---

*Le Mistère du Viel Testament*, publié avec introduction, notes et glossaire, par le baron James DE ROTHSCHILD, t. I, II, III, IV et V (1878, 1879, 1881, 1882, 1885), le vol................................................ 10 fr.
*(Ouvrage imprimé aux frais du baron James de Rothschild et offert aux membres de la Société.)*

---

Tous ces ouvrages sont in-8°, excepté *Les plus anciens Monuments de la langue française*, album grand in-folio.

Il a été fait de chaque ouvrage un tirage sur papier Whatman. Le prix des exemplaires sur ce papier est double de celui des exemplaires en papier ordinaire.

Les membres de la Société ont droit à une remise de 25 p. 100 sur tous les prix indiqués ci-dessus.

---

*La Société des Anciens Textes français a obtenu pour ses publications le prix Archon-Despérouse, à l'Académie française, en 1882, et le prix La Grange, à l'Académie des Inscriptions et Belles-Lettres, en 1883.*

Le Puy. — Imprimerie de Marchessou fils, boulevard Saint-Laurent, 23.

www.ingramcontent.com/pod-product-compliance
Lightning Source LLC
Chambersburg PA
CBHW072041090426
42733CB00032B/2056